D0573542

À vos marques, prêts, santé !

2e édition

À vos marques, prêts, santé!

2e édition

RICHARD CHEVALIER

Professeur d'éducation physique
au collège de Bois-de-Boulogne

ÉDITIONS DU RENOUVEAU PÉDAGOGIQUE INC.

5757, RUE CYPIHOT
SAINT-LAURENT (QUÉBEC)
H4S 1R3

TÉLÉPHONE : (514) 334-2690
TÉLÉCOPIEUR : (514) 334-4720
COURRIEL : erpidlm@erpi.com

Supervision éditoriale :
Sylvie Chapleau (1re édition),
Sylvain Bournival (2e édition)

Révision linguistique :
Francine Cyr

Correction d'épreuves :
Annie Desbiens

**Conception graphique
et réalisation de la couverture :**

Infographie et réalisation graphique :
Alphatek inc.

Illustrations :
Stéphane Bourrelle

Photographies :
Rolland Renaud : p. 1, 29, 35 (bas), 89, 90, 94, 96, 100, 102, 103, 111, 112, 113, 125, 155, 232 à 245. Tony Stone Images : Brian Bailey, p. 3, 73, 123 ; Frank Orel, p. 47, 80 (bas) ; Peter Correz, p. 80 (centre), 107 ; Chris Speedle, p. 80 (haut), 163 ; Lori Adamski Peek, p. 81, 145 ; Christopher Bissell, p. 185 ; David Madison, p. 197. Denis Gendron : p. 35 (haut), 92, 98, 150, 201, 202, 205, 207. Normand Montagne : p. 84.

Dans cet ouvrage, le générique masculin est utilisé sans aucune discrimination et uniquement pour alléger le texte.

© Éditions du Renouveau Pédagogique Inc., 2000.
Tous droits réservés.

On ne peut reproduire aucun extrait de ce livre sous quelque forme ou par quelque procédé que ce soit – sur machine électronique, mécanique, à photocopier ou à enregistrer, ou autrement – sans avoir obtenu, au préalable, la permission écrite des Éditions du Renouveau Pédagogique Inc.

Dépôt légal : 2e trimestre 2000
Bibliothèque nationale du Québec
Bibliothèque nationale du Canada
Imprimé au Canada

234567890 II 054321
20178   LHM10

ISBN 2-7613-1156-6

PRÉFACE

Depuis un certain nombre d'années, le mode de vie nord-américain est en profonde mutation. Sous le thème de la mondialisation et de l'efficacité, de grandes transformations sociales sont en train de se produire. La course folle à la performance qui caractérise la fin de ce millénaire ne tient pas toujours compte de l'élément clé de tous ces changements : l'évolution de l'humain dans un environnement instable.

Malheureusement, bon nombre d'entre nous sont incapables de suivre la cadence, ce qui entraîne de graves conséquences sociales. Ainsi, au Québec, le tiers de nos impôts disparaît dans les services de santé, et l'administration publique est placée devant des choix déchirants. Au cœur de ces difficultés économiques se trouve une grande constante : l'être humain souffre et est souvent malade. Il semble parfois qu'on devrait changer le nom du ministère de la Santé pour l'appeler « ministère de la Maladie ».

Pour modifier l'approche curative et la remplacer par une approche préventive, beaucoup plus efficace et rentable, il faut s'attaquer au cœur du problème : l'individu dans sa façon de vivre. Richard Chevalier touche cette problématique avec brio.

À la suite de la transformation du système d'éducation du Québec, les éducateurs physiques ont hérité de l'aspect « éducation à la santé ». Richard Chevalier leur offre un outil d'enseignement qui, d'une manière tout à fait remarquable, réussit à rendre accessible et compréhensible un ensemble de données scientifiques sur l'évolution de l'humain dans son corps.

Que ce soit par l'analyse de nos habitudes de vie, bonnes et mauvaises, à travers l'étude des systèmes énergétiques ou encore celle des principes de la nutrition, un fil conducteur nous guide dans ce livre. L'auteur, par une approche interactive, amène le lecteur à comprendre qui il est à travers son état d'être. Il le place face à des choix possibles quant à son devenir. Il le responsabilise en démolissant plusieurs mythes sur les habitudes de vie en général.

Ce livre vous conduira vers une gestion participative de votre qualité de vie. Il ne vise pas un miracle gigantesque, mais un ensemble de petites actions simples qui vous mèneront au succès le plus fondamental : celui d'être une personne plus heureuse dans un corps actif et en santé. À vous de jouer !

Mario Sévigny
président de la Fédération des éducateurs
et éducatrices physiques enseignants du Québec

AVANT-PROPOS

Les experts considèrent aujourd'hui que le mode de vie constitue la principale cause de l'explosion des maladies dégénératives (maladies cardiovasculaires, cancer, emphysème, diabète, etc.) dans les pays industrialisés. Or, nous sommes en grande partie responsables de nos habitudes de vie : c'est nous qui les prenons et qui les entretenons. Dès que nous parvenons à les améliorer un tant soit peu, il est indéniable que notre santé et notre qualité de vie en bénéficient.

Ce manuel vise justement à fournir une démarche à ceux et celles qui désirent faire le ménage dans leurs habitudes de vie : nous leur conseillons d'amorcer ce changement par la pratique régulière de l'activité physique. Ce n'est bien sûr qu'une suggestion, mais elle a du sens, puisque l'activité physique, outre ses effets bénéfiques sur la santé, exerce un effet d'entraînement sur les autres habitudes de vie. Par exemple, quand on se met à faire de l'exercice, on a tendance à mieux manger, à cesser de fumer et à mieux gérer son stress. Bref, ce manuel donne à l'activité physique la place prioritaire qui lui revient quand on parle de qualité de vie et de santé.

De plus, cette deuxième édition vous offre plusieurs nouveautés :

- de nouveaux tests pour évaluer votre condition physique,
- des bilans de fin de chapitre numérotés et plus détaillés,
- de nouveaux tableaux et de nouvelles figures,
- de nouveaux Zooms sur des sujets pratiques,
- une nouvelle section sur les types physiques (ectomorphe, mésomorphe et endomorphe) ainsi qu'un test simple pour déterminer le vôtre,
- une description de plusieurs techniques de relaxation,
- de nouvelles fiches à remplir,
- de nouvelles rumeurs sur l'activité physique (annexe 1),

- plus de 50 nouvelles photos illustrant des exercices pour la posture, la musculation et les abdominaux (chapitre 5 et annexe 4),
- un *Équipier* complètement remanié,
- etc.

Bref, une édition tout aussi pratique que la première, mais plus complète. Alors, *À vos marques, prêts, santé !*

REMERCIEMENTS

Un manuel de cette nature ne s'écrit jamais dans la solitude ; toute une équipe se cache derrière celui qui tape sur le clavier. Je tiens donc à exprimer mes remerciements à tous ceux et celles qui, de près ou de loin, m'ont aidé en cours de route, notamment les éducateurs et éducatrices physiques Gilles Beaulieu (Cégep du Vieux Montréal), Diane Gravel (Collège Lasalle), Richard Liboiron et Diane Madore (Collège de Bois-de-Boulogne). Je remercie également pour leurs précieux commentaires et nombreuses suggestions tous les éducateurs et éducatrices physiques qui ont répondu au sondage préparé par les Éditions du Renouveau Pédagogique. Je tiens à remercier en particulier Richard Paquet (Collège de Limoilou), coordonnateur provincial en éducation physique, pour sa promptitude à répondre à mes questions concernant les devis ministériels ; René Larouche, professeur au Département d'éducation physique de l'Université Laval, pour ses écrits très étoffés qui ont facilité ma collecte de données ; Luc Léger, professeur au Département d'éducation physique de l'Université de Montréal pour sa grande disponibilité ; et Marielle Ledoux, professeure au Département de nutrition de l'Université de Montréal, pour son aide dans les sections traitant de l'alimentation. Enfin, je remercie Françine Cyr et Sylvie Chapleau, respectivement réviseure linguistique et chargée de projet de la première édition, Sylvain Bournival, chargé de projet de la deuxième édition, ainsi que Muriel Normand et toute l'équipe responsable de la conception graphique.

Richard Chevalier

PREMIÈRE PARTIE

CHAPITRE 1

LISTE DES TABLEAUX

LISTE DES FIGURES

Habitudes de vie et santé : une relation qu'on ne peut plus ignorer

CHAPITRE 1

Santé :
tout se joue sur
les doigts de la
main

Pendant des siècles, virus, bactéries et compagnie nous ont fait la vie dure en nous rendant malades, quand ils ne nous tuaient pas bien avant l'heure. Les grandes épidémies des temps passés le montrent assez bien. Puis, en moins de 100 ans, grâce notamment aux vaccins, aux antibiotiques et à l'amélioration de l'hygiène de vie en général, la situation a radicalement changé. Nous sommes aujourd'hui les premières générations d'humains à ne pas mourir massivement des suites d'une maladie infectieuse (grippe, tuberculose, pneumonie, etc.) et à vivre aussi longtemps, soit en

> *Les maladies non transmissibles comme le cancer et les maladies cardiovasculaires, déjà principale cause de maladies invalidantes et de mortalité dans les pays industrialisés, vont devenir la prochaine épidémie dans les pays à bas et moyen niveau de vie.*
>
> *Organisation mondiale de la santé*

moyenne 78 ans, sans égard au sexe. On peut l'affirmer : c'est une grande victoire sur les microbes.

Priorité santé n° 1 : freiner la montée des maladies dues au mode de vie

On pourrait alors croire que tout va bien ; mais ce n'est pas vraiment le cas, puisque ce sont maintenant nos habitudes de vie qui jouent les trouble-fête. Dans les pays industrialisés, plus de 75 % des décès prématurés leur sont imputables (figure 1.1), sans compter qu'elles affectent sérieusement notre **espérance de vie en bonne santé**. Il y a en effet une distinction à faire entre l'espérance de vie globale et l'espérance de vie en bonne santé. Cette dernière n'est pas de 78 ans, mais de 64 ans. Cela signifie qu'après l'âge de 64 ans beaucoup d'individus sont diminués par la maladie et n'ont plus une bonne qualité de vie, même s'ils vivent jusqu'à 78 ans.

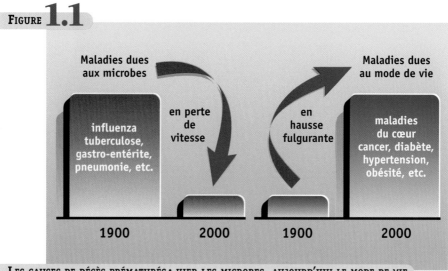

FIGURE 1.1

LES CAUSES DE DÉCÈS PRÉMATURÉS : HIER LES MICROBES, AUJOURD'HUI LE MODE DE VIE

Néanmoins il y a deux avantages dans le fait que les habitudes de vie ont remplacé les microbes à titre de facteurs de maladie. Le premier, c'est qu'on peut agir sur chacune de ces habitudes, ce qui n'est pas le cas avec les microbes, qui nous tombent dessus sans prévenir. Le deuxième avantage, c'est que les habitudes de vie qui minent le plus la santé se comptent sur les doigts de la main, contrairement aux microorganismes qui, eux, pullulent dans l'environnement.

La plupart d'entre nous n'avons donc pas un millier de cibles à surveiller mais cinq, tout au plus, soit : l'**inactivité physique**, la **malbouffe**, le **tabagisme**, l'**excès de stress** et l'**abus d'alcool** (figure 1.2). D'autres habitudes, comme la consommation de drogues, l'abus de médicaments, le manque de sommeil, les relations sexuelles sans protection ou encore l'abus de bronzage (en cabine ou sous le soleil), présentent des risques certains pour la santé. Toutefois, selon l'Organisation mondiale de la santé, ce sont les cinq premières qui ont le plus d'influence sur la santé parce qu'elles sont très répandues au sein de la population. Les dépenses occasionnées par ces seules cinq habitudes suffisent d'ailleurs à grever le budget des soins de santé dans les principaux pays industrialisés (tableau 1.1).

FIGURE **1.2**

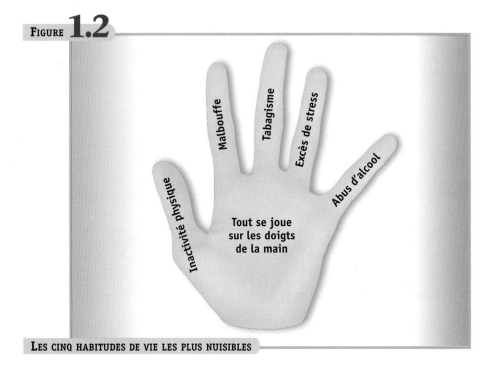

Malbouffe

Tabagisme

Excès de stress

Inactivité physique

Abus d'alcool

Tout se joue sur les doigts de la main

LES CINQ HABITUDES DE VIE LES PLUS NUISIBLES

Le microbe frappe tôt, la mauvaise habitude tard !

Pour tout dire, l'époque est révolue où les gens négligeaient la prévention et se fiaient à la médecine pour réparer les pots cassés. Comme est révolue aussi l'époque où on définissait la santé comme l'absence de maladie. Aujourd'hui, l'Organisation mondiale de la santé définit la **santé** comme un *état de bien-être à la fois physique, mental et social*. En fait, la preuve a été faite que la médecine purement curative a de sérieuses limites, tant budgétaires que médicales. En revanche, on a démontré que si tous les individus modifiaient *un tant soit peu* leur mode de vie, les dépenses en soins de santé et le nombre de décès prématurés diminueraient substantiellement. On a déjà pu observer le phénomène dans le cas des maladies cardiaques chez les hommes ; le taux de mortalité associé à ces maladies a baissé de 35 % en 20 ans, grâce surtout à l'abandon de la cigarette, à l'exercice physique et à une alimentation moins riche en gras. Devant des résultats aussi probants, il n'est pas étonnant que les gouvernements encouragent de plus en plus l'approche préventive.

Mais si la prévention est tellement efficace, pourquoi tout le monde ne fait-il pas le ménage dans ses habitudes de vie? Pour une raison très simple : un microbe peut nous clouer au lit en quelques jours, mais pas une mauvaise habitude. Au contraire, il faudra, par exemple, fumer un paquet de cigarettes par jour pendant des années pour écoper d'un cancer du poumon ou de problèmes cardiaques. Alors où est l'urgence d'agir, se demande-t-on, puisque le tabagisme ne provoque ni fièvre, ni douleurs, ni fatigue qui pourraient entraver à moyen terme nos activités quotidiennes (figure 1.3)? Bref, on ne se sent pas malade. Hélas! lorsque les symptômes apparaissent, beaucoup plus tard, les dommages aux organes sont déjà très importants. Le traitement, coûteux sur le plan social et économique, risque aussi de ne pas être sans séquelles.

En somme, contrairement à nos ancêtres, nous savons maintenant ce qui peut arriver à notre santé si nous adoptons telle ou telle habitude de vie. Nous sommes même les premières générations à avoir

TABLEAU 1.1

Des habidudes de vie qui nous coûtent cher : plus de 50 milliards par année !			
Rang	Maladie	Facture annuelle*	Habitudes de vie en cause
1	Du cœur**	19,7 milliards	Malbouffe, excès de stress, inactivité physique, tabagisme, abus d'alcool
2	Cancer	15,1 milliards	Malbouffe, inactivité physique, tabagisme, abus d'alcool
3	Maladies pulmonaires obstructives chroniques (ex.: emphysème, bronchite)	6 milliards***	Tabagisme
4	Diabète (type II)	9 milliards	Malbouffe, inactivité physique

GRAND TOTAL : 50 milliards de dollars par année, soit 8 % du PIB du Canada.

* Données pour le Canada.
** Incluse dans l'ensemble des affections cardiovasculaires.
*** Estimation.

la capacité et les connaissances voulues pour jouir le plus longtemps possible d'une bonne santé. À nous d'en profiter. En examinant un à un les cinq comportements qui nuisent le plus à notre santé, nous allons voir comment nous pouvons y arriver.

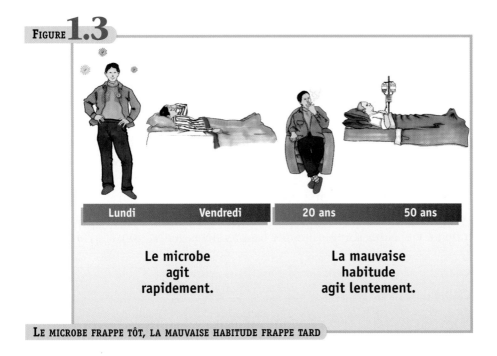

FIGURE 1.3

| Lundi | Vendredi | 20 ans | 50 ans |

Le microbe agit rapidement.

La mauvaise habitude agit lentement.

LE MICROBE FRAPPE TÔT, LA MAUVAISE HABITUDE FRAPPE TARD

1er DOIGT : L'INACTIVITÉ PHYSIQUE

L'inactivité physique équivaut à consommer un paquet de cigarettes par jour.

US Surgeon General

Ce n'est pas pour rien que nous avons choisi de parler d'abord de l'inactivité physique. Des cinq habitudes de vie les plus nuisibles à la santé, c'est en effet la plus fréquente. De plus, parmi les facteurs de risque primaires modifiables de la maladie coronarienne (l'inactivité physique, l'hypertension artérielle, un taux élevé de cholestérol et la cigarette), elle est, de loin, le facteur le plus fréquent dans la population (figure 1.4). C'est ce qui a fait dire aux auteurs d'un rapport remis en 1994 à la Direction de la condition physique de Santé Canada (*Data Analysis of Fitness and Performance Capacity*) qu'une hausse du niveau d'activité physique dans la population aurait une influence beaucoup plus grande sur la prévention des maladies cardiovasculaires que la diminution du nombre d'hypertendus, de fumeurs ou d'individus ayant un taux de cholestérol élevé. De leur côté, des chercheurs américains ont démontré que l'inactivité physique à elle seule augmente le risque de mourir des suites d'une maladie cardiaque, du cancer du côlon ou du diabète de 35, 32 et 35 % respectivement. C'est beaucoup plus qu'on ne le croyait dans les années 1980.

Si l'on considère aussi que l'exercice contribue à diminuer l'hypertension de 5 à 10 %, à élever le taux de bon cholestérol (chapitre 2)

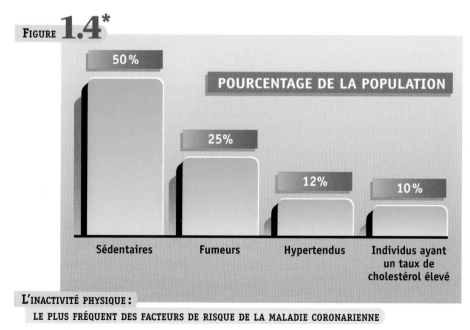

FIGURE **1.4***

50 %

POURCENTAGE DE LA POPULATION

25 %

12 %

10 %

Sédentaires   Fumeurs   Hypertendus   Individus ayant un taux de cholestérol élevé

L'INACTIVITÉ PHYSIQUE :
LE PLUS FRÉQUENT DES FACTEURS DE RISQUE DE LA MALADIE CORONARIENNE

* *Les sources des données utilisées dans les tableaux et figures sont énumérées aux pages 247 à 250.*

et à inciter un fumeur à «écraser», on a là une arme redoutable pour combattre les maladies associées au mode de vie. L'inactivité physique est un facteur à ce point important que nous lui consacrerons le prochain chapitre en entier. Vous serez à même de constater que la fréquentation assidue de son fauteuil constitue un danger pour la santé, tandis que la pratique régulière d'une activité physique s'avère un merveilleux médicament. Entre-temps, si vous êtes du genre pantouflard (voir le *Bilan 1*, à la page 43), le premier pas à faire vers une vie physiquement plus active serait de vous lever de votre fauteuil le plus souvent possible. C'est à la fois peu et beaucoup, comme nous le constaterons plus loin dans ce manuel.

2ᵉ DOIGT : LA MALBOUFFE

Mange en mars du poireau et en mai de l'ail sauvage. Et toute l'année d'après, le médecin se tournera les pouces.

Vieux dicton gallois

Peu de gens aujourd'hui ignorent le lien de cause à effet qui existe entre l'alimentation et la santé. Médecins et nutritionnistes nous en ont fait amplement la démonstration, ces dernières années. Pourtant, les enquêtes les plus récentes montrent que ce que l'on mange au Québec, comme ailleurs en Amérique du Nord, est encore généralement trop gras, trop salé et trop pauvre en fruits, légumes et céréales à grains entiers. Ce genre de régime alimentaire, que nous appellerons malbouffe*, mène tout droit à l'athérosclérose, au diabète de type II, à certains types de cancer, à l'hypertension artérielle et à l'obésité (tableau 1.2).

---

* Stella et Joël de Rosnay ont traité de ce sujet dans leur ouvrage intitulé *La Mal Bouffe* (Olivier Orban, 1979).

1.2

TABLEAU

Alimentation et santé : un lien étroit	
Si votre régime alimentaire est...	**... vous courez le risque de souffrir un jour des problèmes de santé suivants :**
trop riche en calories	athérosclérose, hypertension, obésité, diabète de type II et certains cancers
trop riche en mauvais gras (et surtout en gras hydrogéné)	athérosclérose et, peut-être, cancer du sein, du côlon et de la prostate
trop riche en sel	hypertension
trop pauvre en fruits et légumes	certaines maladies cardiovasculaires et certains cancers
trop pauvre en produits céréaliers à grains entiers	constipation chronique, diverticulose, cancer du côlon et maladies cardiovasculaires

Décourageant à première vue, ce constat a cependant le mérite de cerner clairement nos écarts alimentaires. Pour manger mieux, il suffit de corriger ces écarts. Cela ne veut pas dire qu'il faut devenir végétarien, connaître par cœur la valeur nutritionnelle des aliments, compter ses calories, peser ses portions ou faire son deuil du burger double. Même les nutritionnistes ne le font pas ! En fait, comme on le verra plus loin, il suffit de consulter le *Guide alimentaire canadien* (figure 1.5) pour se faire une idée en cinq minutes de ce qu'est une alimentation saine. Si ce sont les **diètes amaigrissantes** qui vous attirent, prenez bonne note qu'elles échouent presque toujours (figure 1.6) parce qu'elles riment avec privation et remords, alors que manger est un des plaisirs de la vie. De plus, comme le montre la recherche, les « régimes » affaiblissent les muscles et les os (les diètes augmentent les pertes de tissus musculaires et de calcium) et, comble de malheur, ralentissent le métabolisme de base (chapitre 2). Bref, le « bien manger » doit être quelque chose de simple.

Par conséquent, il est plus réaliste d'améliorer son alimentation en faisant de petits changements ici et là, que de chambarder tout son menu. Pour vous en convaincre, voici cinq mesures – cinq petits pas pourrait-on dire – à la portée de tout le monde et qui devraient rééquilibrer un régime déficient.

FIGURE **1.5**

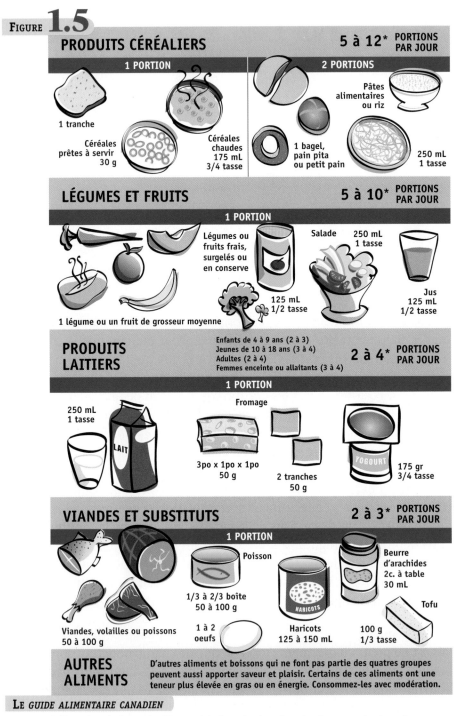

PRODUITS CÉRÉALIERS   5 à 12* PORTIONS PAR JOUR

1 PORTION | **2 PORTIONS**

1 tranche

Céréales prêtes à servir 30 g

Céréales chaudes 175 mL 3/4 tasse

Pâtes alimentaires ou riz

1 bagel, pain pita ou petit pain

250 mL 1 tasse

LÉGUMES ET FRUITS   5 à 10* PORTIONS PAR JOUR

1 PORTION

Légumes ou fruits frais, surgelés ou en conserve

Salade 250 mL 1 tasse

125 mL 1/2 tasse

Jus 125 mL 1/2 tasse

1 légume ou un fruit de grosseur moyenne

PRODUITS LAITIERS

Enfants de 4 à 9 ans (2 à 3)
Jeunes de 10 à 18 ans (3 à 4)
Adultes (2 à 4)
Femmes enceinte ou allaitants (3 à 4)

2 à 4* PORTIONS PAR JOUR

1 PORTION

250 mL 1 tasse

LAIT

Fromage

3po x 1po x 1po 50 g

2 tranches 50 g

YOGOURT 175 gr 3/4 tasse

VIANDES ET SUBSTITUTS   2 à 3* PORTIONS PAR JOUR

1 PORTION

Poisson

Beurre d'arachides 2c. à table 30 mL

1/3 à 2/3 boîte 50 à 100 g

HARICOTS

Tofu

Viandes, volailles ou poissons 50 à 100 g

1 à 2 oeufs

Haricots 125 à 150 mL

100 g 1/3 tasse

AUTRES ALIMENTS   D'autres aliments et boissons qui ne font pas partie des quatres groupes peuvent aussi apporter saveur et plaisir. Certains de ces aliments ont une teneur plus élevée en gras ou en énergie. Consommez-les avec modération.

LE *GUIDE ALIMENTAIRE CANADIEN*

* Si vous êtes physiquement actif ou enceinte, le nombre de portions devrait se rapprocher du maximum.

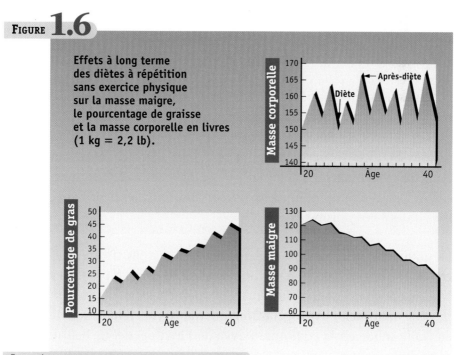

FIGURE **1.6**

Effets à long terme
des diètes à répétition
sans exercice physique
sur la masse maigre,
le pourcentage de graisse
et la masse corporelle en livres
(1 kg = 2,2 lb).

LES DIÈTES AMAIGRISSANTES QUI FONT ENGRAISSER

1. Coupez d'abord dans le mauvais gras

Sur les 2000 calories que nous consommons en moyenne chaque jour, 40 % proviennent d'aliments gras (cette proportion était de 27 % au début du xxe siècle !). C'est trop, disent les experts, qui recommandent d'en réduire la consommation d'au moins 10 %, et peut-être plus si on fait de l'embonpoint (chapitre 4). Mais attention, il y a du bon et du mauvais gras, et c'est la consommation du second qu'il faut réduire. Ce type de gras, que l'on dit saturé, obstrue les artères en formant des plaques de graisse (athéromes). Il est aussi associé à l'hypertension artérielle et, semble-t-il, au cancer du côlon, du rectum, de la prostate, du sein et des ovaires. Quant au bon gras, ou gras insaturé, il est essentiel au bon fonctionnement du corps, ne favorise pas le cancer, ne bouche pas les artères et constitue même un fabuleux réservoir d'énergie. Gramme pour gramme, le gras contient deux fois plus de calories que le sucre ou les protéines, tout en occupant moins d'espace dans les cellules.

Pour les créatures mobiles que nous sommes, une réserve d'énergie aussi compacte, et donc aisément transportable, est fort pratique – surtout pendant un effort physique prolongé.

Le **bon gras**, et notamment les acides gras oméga-3 et 6, que notre corps ne fabrique pas, abonde dans les huiles végétales (huiles de canola, d'olive, de soya, de tournesol, de maïs, etc.), les noix, les graines et le poisson. Si vous consommez régulièrement ces aliments, vous ingérez par le fait même beaucoup de bon gras. Celui-ci peut-être monoinsaturé ou polyinsaturé ; les deux types sont utiles à l'organisme.

Le **mauvais gras** se cache principalement dans les fritures, les croustilles, les pommes de terre frites et, surtout, dans les produits à base d'huiles durcies ou hydrogénées. Ces dernières sont issues d'un procédé industriel, l'**hydrogénation**, qui transforme l'huile liquide en huile solide en la combinant avec de l'hydrogène. Le beurre d'arachide commercial est un exemple classique de produit hydrogéné. À l'état naturel, l'huile qu'il contient tend à remonter à la surface ; il faut alors brasser le tout pour le rendre homogène. L'industrie alimentaire a résolu le problème en hydrogénant le produit. Résultat : le beurre d'arachide industriel est toujours ferme et uniforme. Par contre, il est aussi désormais très riche en huile hydrogénée, le plus nocif des mauvais gras. La margarine constitue un autre exemple d'aliment sain dénaturé par le processus d'hydrogénation. Heureusement, les fabricants ont réagi aux critiques des nutritionnistes en mettant sur le marché de plus en plus de produits contenant peu ou pas d'huile hydrogénée.

Cela dit, comment réduirez-vous de 10 % votre consommation de mauvais gras ? Vous pouvez toujours la calculer au gramme près en mangeant avec une calculatrice et une balance à vos côtés, mais cela risquerait de vous couper l'appétit. Vous obtiendrez d'aussi bons résultats en réduisant globalement votre consommation d'aliments riches en gras saturés ou hydrogénés. En clair, un peu moins de hamburger-frites, de croustilles, de charcuterie, de viande de porc et de poulet pané et un peu plus de poisson frais, de fruits de mer, de viande maigre (volaille, gibier, faux-filet de bœuf, etc.) et de produits laitiers légers (lait à 1 ou 2 %, fromage à faible teneur en gras, etc.).

Quant à l'**huile hydrogénée**, il faut la détecter en lisant les étiquettes des aliments préparés (figure 1.7), puisqu'elle n'existe pas à l'état naturel. Chaque fois que le terme « hydrogéné », « partiellement hydrogéné » ou « shortening végétal » apparaît sur l'étiquette, changez de produit si vous le pouvez. Étonnamment, cela inclut certaines barres de céréales « santé ». Plus vous boycotterez ces produits, plus les fabricants les remplaceront par des produits plus sains. Voici quelques trucs qui vous aideront à réduire votre consommation de mauvais gras :

- Pour la cuisson, utilisez des huiles végétales liquides ; elles ne contiennent ni gras saturé (comme le beurre) ni gras hydrogéné (comme la margarine). Variez aussi les huiles : huile de canola, d'arachide, d'olive, etc.

- Pour tartiner, remplacez la margarine dure ou le beurre par de la margarine molle et non hydrogénée si possible.

- Ajoutez dans vos salades des graines de sésame, des noix ou une vinaigrette à base d'huile.

- Mangez du poisson ou des fruits de mer une ou deux fois par semaine (darne de saumon grillé, filets de sole, quelques sardines, casserole de thon et nouilles, etc.).

- Prenez une poignée de noix mélangées comme collation quelques fois par semaine.

2. Colorez vos assiettes avec des fruits et des légumes

Dire que les fruits et les légumes sont bons pour notre santé constitue une évidence. Les experts en sont d'ailleurs tellement convaincus qu'ils nous suggèrent d'en manger toujours plus. Le

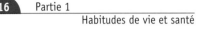

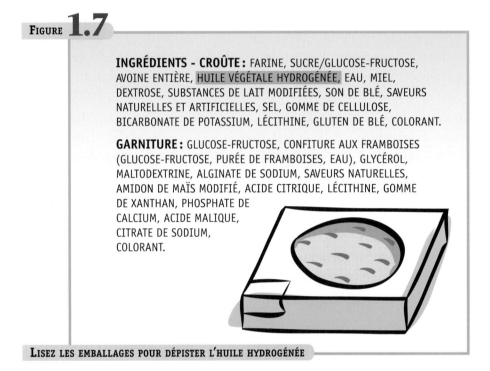

INGRÉDIENTS - CROÛTE : FARINE, SUCRE/GLUCOSE-FRUCTOSE, AVOINE ENTIÈRE, HUILE VÉGÉTALE HYDROGÉNÉE, EAU, MIEL, DEXTROSE, SUBSTANCES DE LAIT MODIFIÉES, SON DE BLÉ, SAVEURS NATURELLES ET ARTIFICIELLES, SEL, GOMME DE CELLULOSE, BICARBONATE DE POTASSIUM, LÉCITHINE, GLUTEN DE BLÉ, COLORANT.

GARNITURE : GLUCOSE-FRUCTOSE, CONFITURE AUX FRAMBOISES (GLUCOSE-FRUCTOSE, PURÉE DE FRAMBOISES, EAU), GLYCÉROL, MALTODEXTRINE, ALGINATE DE SODIUM, SAVEURS NATURELLES, AMIDON DE MAÏS MODIFIÉ, ACIDE CITRIQUE, LÉCITHINE, GOMME DE XANTHAN, PHOSPHATE DE CALCIUM, ACIDE MALIQUE, CITRATE DE SODIUM, COLORANT.

LISEZ LES EMBALLAGES POUR DÉPISTER L'HUILE HYDROGÉNÉE

nombre moyen recommandé de portions de fruits et légumes est ainsi passé de cinq à sept par jour dans la dernière version du *Guide alimentaire canadien*. C'est que, sous une forme naturelle, ces aliments contiennent une grande quantité de vitamines, de minéraux et de fibres alimentaires, lesquels diminuent le risque de cancer. Les fruits et légumes regorgent aussi de glucides complexes et de substances qu'on ne retrouve pas dans d'autres aliments (stérols, flavonoïdes et certains composés sulfurés). Ces substances abaissent le taux de **mauvais cholestérol** dans le sang (LDL), tandis que les glucides complexes sont des sucres à assimilation lente qui régularisent l'appétit et le taux de sucre dans le sang.

En fait, plus la nutrition devient scientifique, plus les chercheurs découvrent le rôle essentiel de ces aliments. Une suggestion : pensez à apporter chaque matin un ou deux fruits ou légumes que vous mangerez en vous rendant au travail, au cégep ou à l'université. Après quelques jours, cela deviendra une habitude.

3. Mangez plus de céréales à grains entiers et de légumineuses

La principale qualité des céréales à grains entiers (blé, orge, riz, millet, sarrasin, soya, avoine, etc.) et des légumineuses (haricots, lentilles, pois chiches, etc.), c'est leur grande richesse en fibres alimentaires. Ces résidus, longtemps considérés comme inutiles parce que le système digestif ne peut les assimiler, abaissent le taux de mauvais cholestérol, combattent la constipation aussi bien qu'un laxatif, abondent en vitamines E et B et, surtout, semblent réduire le risque de cancer du côlon. Il existe deux types de fibres alimentaires. Les **fibres solubles** (avoine et orge, en particulier) attirent les molécules de cholestérol et les entraînent avec elles dans les matières fécales. Les **fibres insolubles** (son de blé, surtout) rendent les selles plus molles, ce qui facilite leur évacuation et diminue par le fait même le temps de contact des substances potentiellement cancérigènes avec la paroi des intestins.

Les fibres aident aussi à combattre une maladie de plus en plus répandue en Occident : la **diverticulose**. Celle-ci se caractérise par la formation de petites poches à même la paroi des intestins. Ces cavités, appelées diverticules, sont de véritables nids à infection, sans compter qu'elles peuvent se rompre et infecter l'intérieur de l'abdomen. La popularité grandissante des repas préparés, habituellement pauvres en fibres alimentaires, pourrait expliquer la montée de cette maladie. Ce type de repas produit en effet des selles dures, ce qui rend leur évacuation difficile. La pression sur les parois intestinales étant plus forte, celles-ci peuvent céder et former des diverticules.

Nous devrions consommer au moins 30 g de fibres chaque jour pour profiter de leurs bienfaits, alors que nous n'en consommons généralement que 15 g ! Pour atteindre la quantité recommandée, il suffit de manger plus souvent des aliments riches en fibres (tableau 1.3). Si vous n'avez pas l'habitude de consommer beaucoup de fibres, ajoutez-les graduellement à votre alimentation et buvez beaucoup d'eau (6 à 8 tasses d'eau par jour), afin d'éviter les ballonnements. *Une dernière chose* : jetez vos laxatifs si vous aviez l'habitude d'en prendre. Des études récentes indiquent qu'ils pourraient être cancérigènes, en plus de rendre les intestins paresseux.

TABLEAU 1.3

Quelques aliments très riches en fibres alimentaires

ALIMENTS (en portions)	CONTENU EN FIBRES (en grammes)
125 mL (1/2 tasse) de céréales à base de son de blé	14,0
3 figues séchées de grosseur moyenne	13,9
125 mL de haricots rouges cuits	7,5
125 mL de haricots blancs cuits	6,8
5 dattes séchées de grosseur moyenne	6,7
125 mL de pois cuits	4,7
1 poire moyenne avec peau	4,7
1 tige de brocoli cru	4,2
250 mL de spaghettis de blé entier cuits	3,9
125 mL de lentilles cuites	3,7
125 ml d'avoine cuit	3,7

4. Salez moins

Nous avons besoin de sel comme nous avons besoin de gras. Par exemple, pour avoir des muscles et des nerfs qui fonctionnent bien, notre corps a besoin d'une certaine quantité de sodium. Notre régime alimentaire lui fournit généralement plus que la dose nécessaire. En fait, nous consommons en moyenne l'équivalent de deux à trois cuillerées à thé de sel par jour, alors qu'une seule suffirait à combler nos besoins. Notre penchant pour les aliments préparés, les produits en conserve, la restauration rapide, les viandes transformées, les sauces, les croustilles et les produits de boulangerie commerciaux (craquelins, gâteaux, etc.) explique en grande partie l'excès de sel dans notre alimentation.

Le problème, c'est qu'une forte consommation de sel augmente le risque d'hypertension artérielle. Il semble que 10 à 20 % de la population est particulièrement exposée à cette maladie, étant hypersensible au sel comme d'autres le sont au pollen. Hélas ! on ne peut savoir qui est hypersensible et qui ne l'est pas. Il est donc sage de modérer sa consommation de sel. Pour y arriver, goûtez vos aliments avant de les saler. Remplacez le plus souvent possible le sel par des épices, des fines herbes, quelques gouttes de citron, de l'ail ou de l'oignon. Diminuez aussi votre consommation d'aliments transformés (dîners congelés, pizzas, soupes en sachet, etc.), notamment les repas excessivement salés des grandes chaînes de restaurants-minute.

5. Enfin, de grâce, déjeunez !

Si vous faites partie des 40 % de Québécois qui ne déjeunent pas, vous sautez probablement le repas le plus important de la journée. Voici pourquoi. En ne déjeunant pas, vous risquez à la longue de faire ralentir votre **métabolisme de base**, c'est-à-dire l'énergie dépensée par le corps au repos pour maintenir les fonctions vitales (respiration, rythme cardiaque, élimination des déchets cellulaires, etc.). Or, un métabolisme plus lent signifie que vous brûlez moins de calories à la minute pour vos besoins vitaux et donc que vous stockez davantage de calories jour après jour, ce qui peut vous faire engraisser. De plus, ceux qui sautent leur déjeuner risquent d'avoir un coup de pompe vers 10 ou 11 heures du matin. Cette fatigue subite s'explique par un taux de sucre trop bas dans le sang (**hypoglycémie**), conséquence directe d'un jeûne prolongé. Comme l'exprime si bien le mot « dé-jeuner », en prenant un repas le matin on met fin à un jeûne de plusieurs heures, ce qui favorise la remontée de la glycémie à un niveau optimal avant qu'on parte travailler.

Sauter son déjeuner, enfin, c'est perdre une belle occasion de commencer la journée par une bonne dose de vitamines, de minéraux, de fibres et de calcium. Par exemple, un bol de céréales à grains entiers accompagné de lait et d'un fruit ou de jus de fruits satisfait chaque matin plus de 33 % de nos besoins quotidiens en fibres alimentaires et plus de 30 % des besoins en vitamines A, B et C, sans compter les apports substantiels en fer, zinc, magnésium, potassium, phosphore et calcium. En clair, un bon déjeuner nous fournit de 30 à 40 % des nutriments nécessaires pour vivre en santé. Pourquoi le sauter, alors ?

À présent, mangez-vous bien ou mal ?

On l'a dit, bien manger doit être quelque chose de simple. Sur ce plan, le *Guide alimentaire canadien* est un bijou de concision et de clarté (figure 1.5, p. 12). En un coup d'œil, on sait si on mange bien ou mal. En fait, ce guide propose une alimentation variée, sans interdit ni discours moralisateur. Il suggère de consommer, chaque jour, un certain nombre de portions d'aliments dans chacun des quatre groupes alimentaires désignés par les nutritionnistes. Quant aux aliments qui sont plus pauvres sur le plan nutritif (chips, frites, *hot-dogs,* beurre, bonbons, etc.), le *Guide* ne les interdit pas, il propose plutôt de les consommer avec modération. Votre alimentation ressemble-t-elle à celle préconisée par le *Guide* ? Pour le savoir, prenez d'abord connaissance du nombre de portions recommandées dans chacun des groupes alimentaires (figure 1.5, p. 12). Puis, chaque jour, pendant une semaine, comptez vos portions en utilisant le tableau 1.4. Après cela, vous saurez si vous mangez bien ou mal. Cette méthode est moins fastidieuse que celle qui consiste à compter ses calories ou à analyser en détail la valeur nutritive de chaque bouchée avalée.

1.4

TABLEAU

Vous et le *Guide alimentaire canadien*

VOS PORTIONS
Inscrivez dans la case appropriée le nombre de portions ingérées
de chacun des quatre groupes alimentaires.

Portions recommandées	Lundi	Mardi	Mercredi	Jeudi	Vendredi	Samedi	Dimanche	Nombre moyen de portions par jour
Produits céréaliers : de 5 à 12								
Légumes et fruits : de 5 à 10								
Produits laitiers : de 2 à 4								
Viandes et substituts : de 2 à 3								

Tirez votre conclusion :
En général, je respecte les recommandations du *Guide* : ☐ oui   ☐ non

3ᵉ DOIGT : LE TABAGISME

Nos habitudes commencent par des plaisirs dont nous n'avons pas besoin et se terminent par des nécessités dans lesquelles nous ne trouvons aucun plaisir.

Thomas McKeown

Vous ne fumez pas ? Tant mieux ! Nous nous retrouverons à la section traitant du stress. Mais si vous fumez, cette partie vous concerne. Il ne s'agit pas ici de vous apprendre ce que vous savez probablement déjà, à savoir que le tabac est nuisible (figure 1.8), mais de renforcer votre désir de cesser de fumer. Si vous faites partie des 90 % des fumeurs qui veulent écraser, vous savez mieux que quiconque que ce n'est pas chose facile.

Mais pourquoi est-il si difficile de cesser de fumer? Parce que, comme la cocaïne et l'héroïne, la nicotine contenue dans le tabac crée une **dépendance physiologique** chez le fumeur, et ce dès les premières bouffées. Il suffit de quelques cigarettes pour en être dépendant. Si l'habitude persiste, ce qui est souvent le cas, la dépendance physiologique se double d'une **dépendance psychologique**. Fumer est alors associé à des moments agréables ou à un moyen

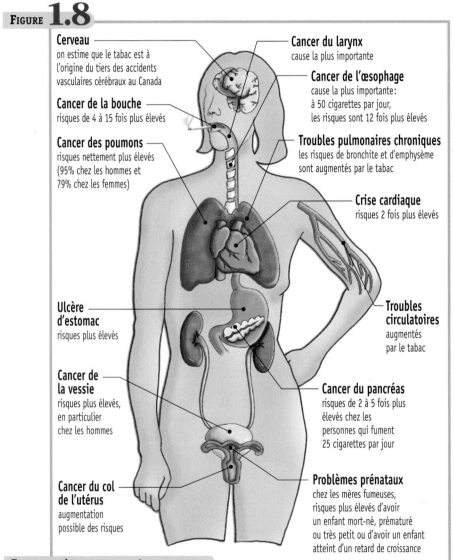

FIGURE 1.8

Cerveau
on estime que le tabac est à l'origine du tiers des accidents vasculaires cérébraux au Canada

Cancer de la bouche
risques de 4 à 15 fois plus élevés

Cancer des poumons
risques nettement plus élevés (95% chez les hommes et 79% chez les femmes)

Ulcère d'estomac
risques plus élevés

Cancer de la vessie
risques plus élevés, en particulier chez les hommes

Cancer du col de l'utérus
augmentation possible des risques

Cancer du larynx
cause la plus importante

Cancer de l'œsophage
cause la plus importante: à 50 cigarettes par jour, les risques sont 12 fois plus élevés

Troubles pulmonaires chroniques
les risques de bronchite et d'emphysème sont augmentés par le tabac

Crise cardiaque
risques 2 fois plus élevés

Troubles circulatoires
augmentés par le tabac

Cancer du pancréas
risques de 2 à 5 fois plus élevés chez les personnes qui fument 25 cigarettes par jour

Problèmes prénataux
chez les mères fumeuses, risques plus élevés d'avoir un enfant mort-né, prématuré ou très petit ou d'avoir un enfant atteint d'un retard de croissance

PORTRAIT D'UN TUEUR EN SÉRIE : LE TABAC

de supporter le stress. On fume le matin avant de commencer la journée, pendant la pause pour accompagner son café, après le souper pour se relaxer, avant un examen ou une entrevue pour se calmer, au bar pour se donner une contenance, dans un embouteillage pour passer le temps, etc. Bref, une fois que l'on est devenu un vrai « nicotinomane », tous les prétextes sont bons pour en allumer une.

Pour en finir avec le tabac

Se défaire d'une telle habitude n'est donc pas facile. C'est sans doute pour cela que des milliers d'ex-fumeurs ont fait plusieurs rechutes avant d'écraser pour de bon. Néanmoins, chaque jour, des centaines y arrivent. Il n'en tient qu'à vous d'en faire autant ; vous pouvez choisir d'éteindre votre dernière cigarette ou d'allumer la dix millième, au grand dam de votre santé. Mais si vous êtes décidé à rompre avec cette habitude, rappelez-vous les conseils suivants.

Évaluez d'abord votre degré de dépendance à la nicotine. Le test suivant (tableau 1.5) vous permettra d'évaluer votre degré de dépendance à la nicotine. Un résultat de 7 à 10 points signifie que vous aurez probablement de la difficulté à abandonner cette dangereuse habitude. Si votre résultat est supérieur à 10, vous devriez demander de l'aide, car vous risquez fort de ne jamais pouvoir y arriver tout seul.

N'attendez pas la méthode miracle pour passer à l'action. Beaucoup de fumeurs reportent leur décision en espérant qu'un jour une méthode miracle viendra faire tout le travail à leur place. C'est impossible. La plupart des ex-fumeurs ont abandonné la cigarette sans l'aide d'une méthode particulière. Décidez-vous d'abord et le reste suivra, même si ça risque d'être difficile.

Demandez-vous quand et pourquoi vous fumez. Posez-vous cette question chaque fois que vous allumez une cigarette pendant une semaine et notez vos réponses. Celles-ci vous permettront d'identifier et d'éviter les occasions qui déclenchent chez vous l'envie de fumer.

1.5 TABLEAU

Mesurez votre dépendance à la nicotine*		
	0 POINT	**1 POINT**	**2 POINTS**

	0 POINT	1 POINT	2 POINTS
Je fume ma première cigarette	plus de 30 minutes après le réveil ☐	moins de 30 minutes après le réveil ☐	dès le lever ☐
J'ai de la difficulté à m'abstenir de fumer là où c'est interdit	non ☐	oui ☐	—
La cigarette qui m'apporte le plus de satisfaction	toutes, sauf la première de la matinée ☐	la première de la matinée ☐	—
Je fume chaque jour	de 1 à 15 cigarettes ☐	de 16 à 25 cigarettes ☐	plus de 25 cigarettes ☐
Je fume davantage le matin que le reste de la journée	non ☐	oui ☐	—
Si je suis malade et au lit	je ne fume pas ☐	je fume ☐	—
La teneur en nicotine de mes cigarettes est	faible ☐	modérée ☐	forte ☐
J'inhale la fumée de cigarette	jamais ☐	parfois ☐	toujours ☐
Total :			

Résultats : 0 à 3 : pas ou peu de dépendance
4, 5, 6 : dépendance moyenne
7, 8, 9 : dépendance sérieuse
plus de 10 : dépendance très forte

* Ce test illustre l'échelle de tolérance à la nicotine de Fagerström.

Prenez la décision au bon moment. Vouloir cesser de fumer pendant une période de grand stress ou de déprime, c'est courir à l'échec. Prenez plutôt cette décision dans un moment de votre vie où tout va assez bien. Par exemple, plusieurs ont choisi leurs vacances pour cesser de fumer ou l'ont fait pour faire plaisir à leur nouvel amoureux. Mettez toutes les chances de votre côté.

Faites de l'exercice. Il s'agit d'une saine façon d'occuper son temps tout en améliorant sa santé. Le fait de renouer avec l'activité physique a d'ailleurs convaincu plus d'un fumeur d'abandonner la cigarette ou, sinon, de fumer moins. Cela vous motivera peut-être de savoir qu'en cessant de fumer vous augmentez votre capacité aérobique de 5 à 7 %, et ce en moins de quarante-huit heures.

Surveillez votre alimentation. Il est fréquent de prendre quelques kilos quand on cesse de fumer. La raison en est fort simple : la cigarette tient la bouche et les doigts occupés en plus de couper l'appétit. On est donc porté à remplacer la pause-cigarette par une pause-bouffe. De plus, le métabolisme ralentit un peu dans les premières semaines de sevrage, ce qui facilite l'accumulation des calories, comme on l'a déjà vu. Pendant les deux premiers mois, donc, surveillez votre alimentation. Un vieux truc : buvez de l'eau quand l'envie de manger (ou de fumer) vous prend, question d'apaiser votre estomac.

Ne tentez pas le diable ! Fuyez les lieux, les occasions et les gens qui pourraient vous inciter à fumer. C'est déjà assez difficile de tenir le coup sans se mettre le nez dans la fumée des autres.

CE QUI VA CHANGER...

Dès les premiers jours, vous aurez une meilleure haleine, vos vêtements et vos cheveux ne sentiront plus la fumée, votre odorat sera meilleur, votre sommeil plus profond (la nicotine perturbe le sommeil) et vous tousserez moins. Après une semaine, votre sang sera déjà plus riche en oxygène de 5 à 10 %. Après un an, votre décision vous aura fait économiser au bas mot 1 700 $ si vous fumiez un paquet par jour. De plus, quels que soient votre âge et le nombre d'années durant lesquelles vous avez fumé, l'abandon de la cigarette diminue, dès la première année, le risque de crise cardiaque et de cancer du poumon. Après quelque 10 ans sans fumer, ce risque n'est pas plus élevé chez l'ex-fumeur que chez le non-fumeur. Si vous êtes enceinte et que vous cessez de fumer à partir du quatrième mois de grossesse, votre bébé sera plus gros et courra moins de risques de naître prématurément.

Résistez à la tentation d'en allumer une « juste pour voir ». Si vous cédez à la tentation, peu importe que vous ayez cessé de fumer depuis un mois ou cinq ans, vous risquez la rechute.

Au besoin, faites-vous aider. Si vous vous sentez incapable d'y arriver seul, contactez des organismes voués à la lutte contre le tabagisme. Vous y trouverez des spécialistes et de la documentation qui vous aideront à tenir le coup. Voici quelques noms utiles : L'Association pulmonaire du Québec (fournit une trousse individuelle antitabac), la Société canadienne du cancer, le centre Vivre mieux sans fumée, la Gang allumée du Conseil québécois sur le tabac et la santé, l'association Vivre sans tabac, les YMCA, les CLSC, certains hôpitaux comme le Centre thoracique de Montréal. Tous ces organismes sont en mesure de vous aider.

4ᵉ DOIGT : LE STRESS

L'absence complète de stress est la mort. C'est le stress désagréable ou détresse qui est nuisible.

Hans Selye

C'était en 1903. Voyant venir le boom technologique et l'accélération du rythme de vie, un médecin hongrois réputé, Francis Volgyesi, risqua une prédiction devant ses pairs. « À moins de changer notre manière de vivre, prévint-il, le siècle qui s'amorce sera celui de "l'âge des nerfs" ». Il avait vu juste ! Le stress, celui qui nous met les « nerfs en boule », qui nous donne froid aux pieds et fait battre le cœur en chamade, atteint aujourd'hui pratiquement tout le monde, y compris les enfants. Cela explique en grande partie le fait que plus de la moitié des consultations chez le médecin au Québec sont reliées au stress ! Pourtant ce « mal du siècle » comme on le dépeint souvent, n'est ni bon ni mauvais. C'est simplement une **réaction d'adaptation** – plus ou moins forte – de l'organisme face à une situation donnée. Que cette situation déclenche une joie immense, une grande tristesse, une peur bleue ou une douleur aiguë, la réaction d'adaptation est toujours la même, c'est-à-dire qu'elle est non spécifique, pour reprendre l'expression utilisée par le découvreur du stress, Hans Selye. Cette réaction met votre corps sous tension comme s'il venait d'être branché sur une prise de courant. En une fraction de seconde, tous les muscles se tendent et les terminaisons nerveuses reliées aux divers organes libèrent instantanément de l'adrénaline (à 80 %) et de la noradrénaline. Ces substances accélèrent le pouls et la respiration, augmentent la pression artérielle, dilatent les bronches et les pupilles, contractent les vaisseaux sanguins superficiels (mains et pieds se glacent), activent les glandes sudoripares (sueurs froides), ferment les glandes salivaires (la bouche devient pâteuse) et stimulent l'estomac, qui sécrète davantage d'acide gastrique. En même temps, sous l'effet d'autres hormones, le sang se gorge de sucre (dont les muscles auront besoin) et s'épaissit (pour freiner une éventuelle hémorragie).

Les effets du stress

Alerté, le corps est prêt à affronter l'agent stresseur. C'est ce qui se produit lorsqu'on retire brusquement sa main au contact d'une eau trop chaude, qu'on sursaute de peur au cinéma ou qu'on éclate de joie parce qu'on vient d'obtenir l'emploi convoité. Dans ces cas-là, l'énergie accumulée par l'état d'alerte est consommée, libérée et le niveau de stress diminue. C'est, si on veut, le calme après la tempête. En revanche, si votre emploi ou vos études vous stressent au plus haut point, la réaction d'adaptation, moins forte que lors d'un stress aigu, n'en garde pas moins votre corps sous tension pendant des heures. L'énergie accumulée pour permettre au corps de réagir n'est pas libérée mais contenue, le cerveau maintenant l'état d'alerte puisque le conflit émotif n'est pas résolu. Or, ce type de stress, que les experts appellent le **stress émotionnel**, semble de plus en plus répandu de nos jours.

Une certaine dose de stress n'affecte pas la santé et peut, au contraire, être bénéfique. Par exemple, face à un nouveau défi, la

QUELQUES EXEMPLES
DE STRESS ÉMOTIONNEL

La vie trépidante que l'on mène de nos jours est propice aux situations génératrices de stress émotionnel. En voici quelques exemples :

- l'épuisante combinaison travail-études
- les parents travailleurs toujours à la course
- les bouchons de circulation qui se multiplient
- les sautes d'humeur du patron qu'on encaisse sans broncher
- les tensions causées par une séparation
- la crainte de perdre son emploi ou de ne pas en trouver
- les difficultés financières qui s'accumulent
- l'anxiété créée par de nouvelles responsabilités
- le travail répétitif qui ennuie
- l'entrée à l'université ou sur le marché du travail
- le changement d'école ou d'emploi
- le manque de sommeil
- les fêtes de la période de Noël...

poussée d'adrénaline nous rend plus alerte, plus énergique, plus motivé. Qu'on songe ici à l'acteur ou à l'athlète, qui ont besoin de stress pour bien performer. Dans une situation d'urgence, par exemple quand on sent céder sous ses pieds la mince couche de glace d'un lac, le stress peut même nous sauver la vie. Mais lorsque les alertes au stress se multiplient et en viennent à dépasser la capacité d'adaptation du corps, la réaction qui était au départ un mécanisme de protection devient vite nuisible et peut nous rendre malade (figure 1.9).

Quand le stress rend malade

Ce n'est pas du jour au lendemain mais progressivement que la surcharge de stress altère la santé. Au début, on n'en ressent que les symptômes : pouls rapide, muscles tendus, fatigue, anxiété, maux de tête plus fréquents, irritabilité, hyperactivité, apparition de tics nerveux, manque de concentration... Cependant, si la surcharge de stress devient chronique, presque quotidienne, elle favorise l'apparition de **maladies psychosomatiques**, c'est-à-dire de maladies qui sont causées essentiellement par un piètre état psychologique. Ainsi une personne trop stressée risque d'avoir de sérieux problèmes

FIGURE **1.9**

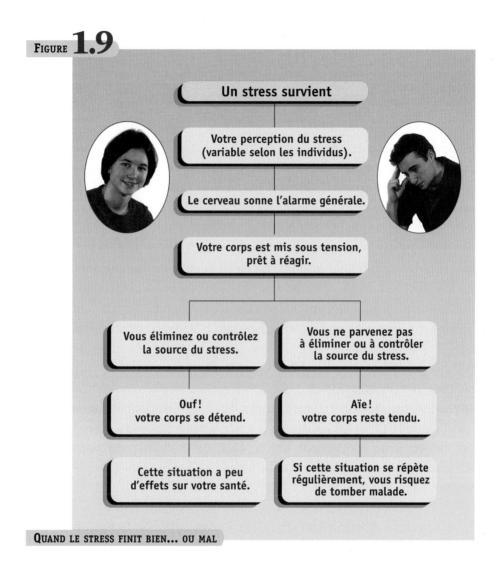

Un stress survient

Votre perception du stress
(variable selon les individus).

Le cerveau sonne l'alarme générale.

Votre corps est mis sous tension,
prêt à réagir.

Vous éliminez ou contrôlez
la source du stress.

Vous ne parvenez pas
à éliminer ou à contrôler
la source du stress.

Ouf !
votre corps se détend.

Aïe !
votre corps reste tendu.

Cette situation a peu
d'effets sur votre santé.

Si cette situation se répète
régulièrement, vous risquez
de tomber malade.

QUAND LE STRESS FINIT BIEN... OU MAL

cardiaques (notamment un infarctus), de souffrir d'hypertension, de dépression grave, d'asthme, d'arthrite rhumatoïde, voire de cancer (la tension nerveuse qui s'accumule affaiblit le système immunitaire). En outre, pour chasser l'ennui, la nervosité ou l'anxiété, on peut être tenté de boire davantage d'alcool, d'abuser de médicaments ou de drogues qui améliorent (temporairement) notre humeur, de manger exagérément ou encore de se retirer tout seul dans son coin. À court terme, ces faux-fuyants peuvent apporter un soulagement, mais à la longue ils ne font qu'affaiblir un organisme déjà épuisé par le stress.

Coups de pouce pour décompresser

Mais comment se détendre ? Il n'y a pas de solutions simples pour contrôler son niveau de stress. Néanmoins, si vous vous sentez envahi par lui, diverses stratégies peuvent vous aider à le surmonter sans mettre votre santé en péril. En voici quelques-unes.

Mettez le doigt sur ce qui vous stresse. Il importe de déterminer clairement les situations qui créent chez vous une tension. Pour y parvenir, soyez attentif aux réactions de votre corps dans diverses situations. Demandez-vous si c'est cette personne, cet endroit, cet événement qui vous crispe ; accélère votre pouls ; vous rend les mains moites et froides ; vous noue l'estomac ; vous donne mal à la tête ou des raideurs dans la nuque ; vous fait transpirer (aux aisselles, notamment) ; vous cause des démangeaisons ; vous donne envie d'uriner ; vous fait serrer les mâchoires. Si vous pouvez nettement associer l'une ou l'autre de ces réactions à une personne, à un lieu ou à un événement précis, c'est qu'il s'agit pour vous d'un **stresseur**. Pour évaluer votre niveau de stress, consultez le tableau 1.6.

Ne visez pas l'élimination du stress à tout prix. Évidemment, la logique veut qu'on élimine d'abord la ou les causes du stress. Par conséquent, arrangez-vous pour éviter les situations, les événements et les individus qui vous donnent des palpitations. Toutefois, ce n'est pas toujours possible ni même souhaitable. Par exemple, si la préparation à un examen ou à une entrevue vous stresse, éliminer ce stress en laissant tout tomber n'est pas la meilleure solution. Essayez plutôt de garder votre calme en utilisant, au besoin, les techniques de détente proposées plus loin.

1.6 — Comment évaluer votre niveau de stress

TABLEAU

Il existe plusieurs questionnaires qui servent à évaluer le niveau de stress. Mais certains sont tellement élaborés qu'il devient stressant de les remplir ! Le questionnaire qui suit n'entre pas dans cette catégorie. Simple et rapide à remplir, il vous permet d'établir en un tournemain votre niveau de stress. À vous de jouer maintenant. Répondez à toutes les questions en vous accordant 1 point pour chaque « oui » et 0 point pour chaque « non ».

Vous arrive-t-il SOUVENT...	Oui	Non
1. de négliger votre alimentation ?	☐	☐
2. d'essayer de tout faire en même temps ?	☐	☐
3. de perdre contrôle facilement ?	☐	☐
4. de vous fixer des buts irréalistes ?	☐	☐
5. de ne pas voir l'humour dans des situations qui amusent les autres ?	☐	☐
6. de manquer de sommeil ?	☐	☐
7. de faire des « montagnes » avec des riens ?	☐	☐
8. d'attendre que les autres agissent à votre place ?	☐	☐
9. d'avoir de la difficulté à prendre des décisions ?	☐	☐
10. de déplorer votre manque d'organisation ?	☐	☐
11. d'éviter les gens qui ne partagent pas vos idées ?	☐	☐
12. de tout garder au-dedans de vous ?	☐	☐
13. de négliger l'exercice physique ?	☐	☐
14. d'être inquiet de votre orientation ou de vos résultats scolaires ?	☐	☐
15. de vous plaindre d'un manque d'argent ?	☐	☐
16. d'utiliser des somnifères ou des tranquillisants sans ordonnance ?	☐	☐
17. de vous sentir physiquement ou mentalement fatigué ?	☐	☐
18. de vous fâcher lorsqu'on vous fait attendre ?	☐	☐
19. de ne pas vous occuper de vos symptômes de stress ?	☐	☐
20. de remettre les choses à plus tard ?	☐	☐
21. de ne pas trouver de temps pendant la journée pour relaxer ?	☐	☐
22. de potiner ?	☐	☐
23. d'avoir l'impression de courir toute la journée ?	☐	☐
24. d'être incapable de vous concentrer ?	☐	☐
25. d'avoir des relations tendues avec vos proches (parents, frères, sœurs, etc.) ?	☐	☐
TOTAL :	☐	

Comment évaluer votre niveau de stress (*suite*)	
Ce que votre résultat signifie...	
	1 à 6: stress faible. Vous êtes vraiment très décontracté! Assurez-vous, cependant, qu'en essayant à tout prix d'éviter les problèmes, vous ne ratez pas l'occasion de relever de nouveaux défis.
	7 à 13: stress moyen. Vous jouissez d'un bon équilibre. Votre stress et votre capacité à le contrôler se compensent.
	14 à 20: stress élevé. Attention! Vous approchez de la zone dangereuse. Mettez en application les «coups de pouce pour décompresser» (p. 30 et suivantes) et refaites le test dans un mois.
	plus de 20: stress très élevé. Urgence! Arrêtez-vous dès maintenant, cherchez de l'aide (thérapeute, proche, ami, etc.) et réexaminez votre mode de vie. Dans l'intervalle, faites de l'exercice et pratiquez la relaxation avant que le couvercle de la marmite ne saute!

Dédramatisez les situations stressantes. Vous vous êtes fait une entorse et vlan! c'est la catastrophe; comment vous débrouiller pour le travail, le sport et les sorties? Vous n'avez pas obtenu l'emploi souhaité et vous voilà déprimé pour le reste de la semaine. Grossir les problèmes ne vous avancera guère. Essayez plutôt d'analyser calmement la situation en vous demandant si elle vaut que vous vous mettiez dans tous vos états. Souvent, vous serez surpris de constater que l'éléphant n'est en fait qu'une souris! Pour les experts en la matière, *notre manière de percevoir et de gérer le stress est plus importante que le stress lui-même.* Un truc: développez votre sens de l'humour; c'est très efficace pour épancher les tensions.

Soyez optimiste. Le phénomène est bien connu des sportifs: un joueur ou une équipe qui arrive sur le terrain convaincu de perdre connaîtra effectivement la défaite. C'est un conditionnement de l'esprit. Remarquez que le contraire, soit l'optimisme béat, est aussi générateur d'échec. Développez plutôt votre capacité de percevoir, sans lunettes roses, ce qu'il y a de bon dans chaque personne ou situation. L'optimisme réaliste éloigne le découragement. Il est aussi une caractéristique marquante des personnes qui arrivent à maintenir leur équilibre intérieur, même au plus fort de la tempête.

N'hésitez pas à vous servir des «chasse-stress». Si, pour toutes sortes de raisons, vous ne pouvez éviter le stress, prenez les moyens qu'il faut pour en atténuer les effets sur votre santé. De fait, il existe des méthodes très efficaces pour réduire son niveau de stress. Comme chaque personne réagit différemment au stress, il importe de trouver la ou même les méthodes qui fonctionneront dans votre cas, c'est-à-dire celles qui vous calmeront. En voici trois qui ont l'avantage d'être simples, économiques et accessibles à tous.

1. L'activité physique. N'importe quel exercice diminue le niveau de stress parce qu'il permet au corps de réagir et, par conséquent, de diminuer la tension physiologique. Par exemple, une marche rapide de 15 minutes provoque une baisse immédiate de la tension musculaire et du niveau d'anxiété. Cet effet, comparable à celui d'un tranquillisant, peut durer entre deux et cinq heures. Les chercheurs ont aussi remarqué que plus une personne est anxieuse et tendue, plus elle profite de l'effet calmant de l'activité musculaire. Cela confirme le vieil adage voulant que les remontées les plus spectaculaires soient celles qui se font à partir du fond du baril ! Étant donnée l'importance de l'effet relaxant de l'activité physique, nous y reviendrons dans le prochain chapitre.

2. Les techniques de relaxation. Puisqu'elles s'attaquent d'emblée à la tension musculaire, les techniques de relaxation (*Zoom*, p. 36) procurent, lorsqu'on les maîtrise, une détente presque instantanée et, par ricochet, un apaisement de l'esprit. Pratiquées régulièrement, elles agissent aussi sur le système cardiovasculaire en abaissant le pouls et la pression artérielle. Les techniques de relaxation peuvent éliminer ou atténuer plusieurs des symptômes associés à une surcharge de stress (tableau 1.7). Pour connaître et maîtriser ces techniques, l'idéal

1.7 TABLEAU

Les principaux effets du stress et de la relaxation*

Les effets de la relaxation sur le corps ont été clairement démontrés par plus de 400 études scientifiques. Voici un aperçu de ces effets ainsi que de ceux engendrés par le stress. Certains bienfaits peuvent être obtenus après seulement quelques minutes de relaxation profonde.

	Stress	Technique de relaxation
Pouls	accélère	ralentit
Pression artérielle chez l'hypertendu	augmente	diminue (10 à 15%)
Respiration	accélère	ralentit
Métabolisme de base**	augmente	diminue (15 à 20%)
Fréquence des ondes alpha***	diminue	augmente
Tension musculaire	augmente	diminue
Sommeil	perturbe	facilite
Migraines fréquence et intensité	augmente	diminue fréquence et intensité
Tolérance à la douleur	diminue****	augmente
Apprentissage d'une activité sportive	gêne	facilite
Aptitude à la communication	détériore	améliore
Vaisseaux sanguins	contracte	dilate

* Il a aussi été démontré que les séances de relaxation donnent de bons résultats dans les cas d'asthme, de tachycardie (cœur qui bat trop vite), d'eczéma, de psoriasis, de douleurs prémenstruelles, de brûlures d'estomac, de constipation, de bégaiement et autres troubles du langage.

** Le métabolisme de base reflète l'activité énergétique minimale des cellules.

*** Les ondes alpha sont associées au sommeil profond, celui qui nous permet de récupérer.

**** Les dentistes connaissent bien cet effet.

est de suivre des cours appropriés. Si ce n'est pas possible, vous pouvez faire des minipériodes de relaxation inspirées d'exercices simples et efficaces. En voici deux que vous pouvez pratiquer à peu près n'importe où et n'importe quand :

Exercice 1. En position couchée ou assise, les yeux fermés, tendez tous les muscles de votre corps comme si vous deveniez une barre de fer. Maintenez-les contractés trois secondes, puis relâchez-les complètement, de la tête aux pieds. Ne retenez aucune tension musculaire. Vous remarquerez la sensation de détente que procure cet exercice fort simple. Répétez-le deux fois.

Exercice 2. En position assise, les yeux fermés, serrez les dents en tirant le coin des lèvres vers les oreilles. Tenez la position trois secondes : remarquez la tension dans les joues et les mâchoires. Ouvrez ensuite la bouche toute grande et gardez-la ouverte pendant trois secondes, puis relâchez les mâchoires. Répétez deux fois. Cet exercice est efficace pour prendre conscience des tensions accumulées à notre insu dans les muscles du visage.

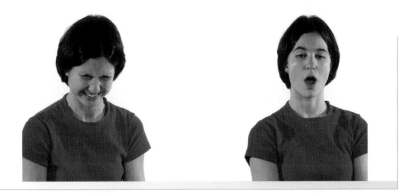

QUELQUES TECHNIQUES DE RELAXATION

Il existe plusieurs techniques pour relaxer (relaxation progressive de Jacobson, training autogène de Schultz, méthode de Feldenkrais, méditation, visualisation, yoga, tai-chi, etc.). Il serait trop long de décrire ici toutes ces techniques. En voici quelques-unes parmi les plus populaires au Québec.

La relaxation progressive de Jacobson. Cette méthode est fondée sur un paradoxe : tendre le muscle pour mieux le détendre ! Les exercices consistent en effet à contracter un groupe de muscles, par exemple les muscles de la jambe droite, puis à les relâcher complètement en se concentrant sur la sensation de détente qui envahit alors la zone relaxée. On passe ainsi tous les muscles, y compris ceux de la figure. Cette méthode, facile à maîtriser, se pratique habituellement en position couchée (de préférence sur le dos). Une séance complète de relaxation progressive peut durer plus de deux heures. Cependant, il existe des versions abrégées d'une durée de 15 à 20 minutes. On peut même se contenter de cinq minutes en limitant les exercices aux zones musculaires les plus tendues (voir nos exercices à la page précédente).

Le training autogène. Cette technique s'inspire de l'hypnose pour détendre le corps et l'esprit. Les exercices passifs où domine la suggestion mentale provoquent une sensation de lourdeur ou de chaleur ou encore de fraîcheur dans tous les muscles. Pour obtenir l'effet désiré (lourdeur, chaleur ou fraîcheur), on prononce mentalement une phrase autosuggestive : « Je sens mon bras droit devenir lourd... », « Je sens mon front devenir frais... », etc. Bien exécuté, le training autogène alourdit et réchauffe réellement le corps. Des chercheurs ont même enregistré une hausse de 4° C dans la main de sujets bien entraînés. Cette technique de relaxation se pratique allongé sur le dos ou assis confortablement. Une séance dépasse facilement les 30 minutes. Mais on peut aussi obtenir une détente profonde en environ 5 à 10 minutes.

La méditation. Cette technique est sûrement la plus simple des méthodes d'autorelaxation. Pour la maîtriser, il suffit d'être confortablement assis, les yeux fermés de préférence, et de répéter mentalement pendant 10 à 20 minutes, un son spécifique (par exemple « om »), que les hindous appellent mantra. Il existe plusieurs mantras, donc plusieurs niveaux de méditation. À la place du son, on peut prononcer un mot ou visualiser une image qui nous aide à relaxer. On peut s'asseoir sur une chaise, à l'indienne ou encore s'adosser à un mur ; l'important, c'est d'être confortable.

Le yoga. C'est une des gymnastiques douces les plus connues au Québec. Le yoga intègre savamment l'art de respirer, d'assouplir les muscles et de méditer au moyen d'une centaine de positions appelées « asanas ». Ces positions, où l'on respire tantôt normalement, tantôt profondément, doivent être maintenues pendant 20 à 30 secondes ; c'est pourquoi on parle souvent de « poses » de yoga. Si vous êtes patient, vous pourrez maîtriser les asanas les plus difficiles après deux ou trois ans de pratique assidue. L'effet physique le plus remarquable du yoga est l'étonnante souplesse dont héritent les muscles.

Le tai-chi. Si le yogi bouge peu, le « tai-chiiste », lui, bouge continuellement. Il déploie, lentement et en silence, ses bras et ses jambes dans toutes les directions en une suite de mouvements amples et circulaires. Ce qui donne une impression de grande légèreté, comme si on dansait dans une eau profonde. Même la respiration, parfaitement synchronisée avec les mouvements du corps, se fait au ralenti. La pratique du tai-chi suppose la maîtrise d'une série de mouvements enchaînés, exécutés lentement il va de soi, et dans un ordre prédéterminé. Bref, il s'agit d'une gymnastique douce qui améliore l'équilibre dynamique et la posture ainsi que la souplesse, l'endurance et la coordination musculaires. Un cours de tai-chi commence toujours par une séance d'échauffement à base d'exercices légers. Après l'échauffement, on pratique, sous la supervision du professeur, divers enchaînements qui deviendront par la suite des chorégraphies complètes. Pendant les premiers cours, on vous demandera de respirer aussi naturellement que possible. Une fois que les mouvements de base sont maîtrisés, on insiste davantage sur la respiration profonde.

3. La respiration abdominale. Si le stress vous envahit, votre respiration risque de devenir brève et superficielle, voire de se bloquer à l'occasion. Pour y remédier, prenez une inspiration profonde en gonflant d'abord le ventre puis la cage thoracique. Puis, expirez lentement, lèvres pincées. Répétez trois ou quatre fois ce petit exercice respiratoire, après quoi vous serez déjà plus détendu.

Vous pouvez aussi réduire les effets du stress en vous faisant masser, en limitant votre consommation de café si vous en prenez beaucoup, en adoptant un animal ou encore en couchant sur papier vos états d'âme. Mais, qu'importe ce que vous ferez, agissez avant que le stress ne vous tue à petit feu.

5ᵉ DOIGT : L'ALCOOL : QUAND LA COUPE DÉBORDE

Rien ne nous permet de croire que le mal provient d'une mauvaise chose mais plutôt de l'abus d'une bonne chose.

Un ex-président américain

C'est connu, l'alcool améliore l'humeur, rend plus sociable et accentue le plaisir sensoriel (l'alcool agit sur le cerveau limbique, la partie qui gère les émotions). Consommé modérément, il s'avère bénéfique pour la santé. D'abord, il aide à nous relaxer en détendant les muscles. Il nous protège contre les maladies cardiaques en augmentant le taux de bon cholestérol dans le sang et en rendant le sang plus liquide (effet anticoagulant). Par son action sur le taux de sucre, il diminuerait aussi le risque de diabète de type II et de dégénérescence maculaire (maladie de l'œil pouvant entraîner la perte de la vue).

Hélas! le hic avec l'alcool, c'est justement quand on fait hic! Consommé au-delà d'une certaine quantité (figure 1.10), l'alcool perturbe le jugement, diminue la coordination, ralentit le temps de réaction et rend téméraire. Prendre le volant dans ces conditions augmente de 40 % le risque d'avoir un accident de la route, et quand celui-ci se produit, il est souvent mortel. Dans les pays industrialisés, la moitié des décès résultant d'un accident de la route sont imputables à une consommation abusive d'alcool. Parmi ces décès, on compte les personnes innocentes qui ont eu la malchance de se trouver dans la même voiture que le conducteur ivre ou qui ont été heurtées par cette voiture.

FIGURE 1.10

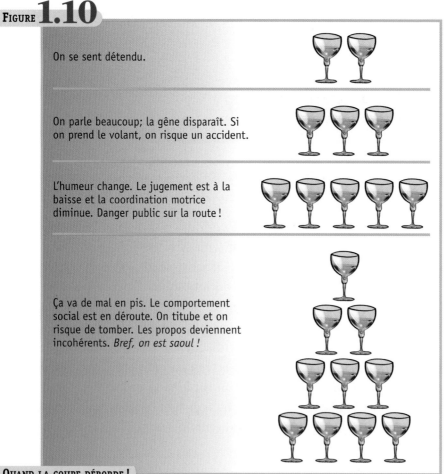

On se sent détendu.

On parle beaucoup; la gêne disparaît. Si on prend le volant, on risque un accident.

L'humeur change. Le jugement est à la baisse et la coordination motrice diminue. Danger public sur la route!

Ça va de mal en pis. Le comportement social est en déroute. On titube et on risque de tomber. Les propos deviennent incohérents. *Bref, on est saoul!*

QUAND LA COUPE DÉBORDE!

Conséquence de cet hécatombe routier : conduire avec de l'alcool dans le sang est maintenant considéré comme un acte criminel. Au Québec, la loi qui interdit strictement la conduite avec facultés affaiblies fixe l'**alcoolémie** tolérée au volant à 80 mg d'alcool par 100 mL de sang (0,08) et à 0 mg si vous avez un permis probatoire. Beaucoup de personnes peuvent atteindre ce taux d'alcool en une heure, après seulement deux consommations. Une **consommation** est l'équivalent d'un verre de bière (12 oz ou 340 mL), d'un verre de vin (4,5 oz ou 125 mL) ou d'un verre de spiritueux (1,5 oz ou 42 mL). On n'a donc pas besoin de boire beaucoup pour conduire dans l'illégalité (tableau 1.8).

Il n'y a pas qu'au volant que l'alcool constitue un problème. On risque aussi de se blesser au travail, de faire une mauvaise chute, d'attraper ou de transmettre une MTS (éthanol ne rime pas avec condom), et même de faire montre de violence verbale ou physique. Et lorsqu'il devient chronique, l'abus d'alcool (plus de 24 consommations hebdomadaires) affecte sérieusement la santé mentale et physique. Malnutrition, cirrhose du foie, hypertension artérielle, perte de mémoire, cancer de la bouche ou de la gorge, intoxication du fœtus pendant la grossesse, problèmes conjugaux et familiaux, état dépressif, relations désastreuses avec les autres, comportement antisocial, absences répétées au travail, sont souvent le lot des accros de la bouteille.

Quelques trucs pour éviter l'abus

Même si la plupart des consommateurs d'alcool font rarement déborder la coupe, les occasions de prendre un verre semblent aujourd'hui plus fréquentes que par le passé et s'étalent sur un plus grand nombre d'années à cause de l'allongement de l'espérance de vie. Voici donc quelques trucs pour éviter de succomber trop souvent à la tentation de Bacchus ou, à tout le moins, de vous retrouver en situation d'illégalité.

1.8

Évaluation rapide du taux d'alcool dans le sang*

HOMME					
Nombre de consommations	125 lb. 57 kg	150 lb 68 kg	175 lb. 80 kg	200 lb. 91 kg	250 lb. 113 kg
1	34 mg	29 mg	25 mg	22 mg	17 mg
2	69 mg	58 mg	50 mg	43 mg	35 mg
3	103 mg	87 mg	75 mg	65 mg	52 mg
4	139 mg	116 mg	100 mg	87 mg	70 mg
5	173 mg	145 mg	125 mg	108 mg	87 mg

FEMME					
Nombre de consommations	100 lb. 45 kg	125 lb. 57 kg	150 lb. 68 kg	175 lb. 80 kg	200 lb. 91 kg
1	50 mg	40 mg	34 mg	29 mg	26 mg
2	101 mg	80 mg	68 mg	58 mg	50 mg
3	152 mg	120 mg	101 mg	87 mg	76 mg
4	203 mg	162 mg	135 mg	117 mg	101 mg
5	253 mg	202 mg	169 mg	146 mg	126 mg

Il est important de soustraire 15 mg d'alcool par heure à partir de la première consommation, car c'est à ce rythme que l'organisme élimine l'alcool. Un foie en mauvais état fonctionne moins bien et moins vite et il ralentit le processus d'élimination. Une personne qui a des problèmes de santé devrait s'abstenir de consommer ou boire très modérément.

* *Fourni à titre indicatif, ce tableau d'Éduc'alcool doit être interprété avec prudence. Les réactions à l'alcool fluctuent beaucoup d'un individu à l'autre et chez une même personne selon les circonstances dans lesquelles l'alcool est absorbé. Par exemple, si vous buvez un soir où vous êtes fatigué, énervé ou sous médication, il se peut que vous ne soyez pas en état de conduire, même si les données de consommation inscrites dans ce tableau indiquent le contraire.*

Ne conduisez pas. Si vous sortez et savez que vous aurez du mal à vous retenir de boire plus que permis, prévoyez de vous faire reconduire après la fête. Trois options s'offrent à vous : l'Opération Nez rouge durant les fêtes de fin d'année, le taxi ou le chauffeur désigné (ami, conjoint, proche ou collègue qui vous ramènera à la maison).

N'arrivez pas à la fête déshydraté.

Vous risqueriez d'avaler une bière rapidement pour étancher votre soif, ce qui pourrait faire grimper tout aussi rapidement le taux d'alcool dans votre sang. Buvez deux ou trois verres d'eau avant de prendre votre première consommation. Évidemment, cela vaut aussi pour la bière que l'on prend après avoir joué au tennis ou au hockey. Comme l'effet diurétique de l'alcool fait perdre beaucoup d'eau, buvez aussi de l'eau après avoir consommé des boissons alcoolisées.

Mangez avant de prendre un verre.

L'alcool qui envahit un estomac vide pénètre très rapidement dans le sang. Sachez aussi que l'alcool contenu dans les spiritueux (whisky, vodka, cognac, etc.), les vins mousseux (le champagne, surtout) et les mélanges contenant de l'eau gazeuse (rhum et cola, par exemple) se rend plus vite dans le sang que celui contenu dans la bière ou le vin. Question de concentration et de gaz carbonique.

QU'EST-CE QUE LA CONSOMMATION MODÉRÉE D'ALCOOL ?

Selon les données les plus récentes, on retire le maximum des effets protecteurs de l'alcool et on réduit au minimum ses effets nocifs en prenant de 6 à 10 consommations par semaine pour les femmes et de 11 à 14 consommations par semaine pour les hommes. Il faut toutefois que cette consommation soit répartie à peu près également pendant la semaine, la consommation de grandes quantités annulant les effets bénéfiques de l'alcool. Par exemple, prendre 7 consommations les vendredi et samedi soirs, ce qui donne 14 consommations pour la semaine, n'a pas le même effet que la prise quotidienne de 1 ou 2 consommations.

Buvez lentement.

Le foie met une heure à éliminer l'alcool absorbé dans une consommation, et il n'existe aucun produit capable d'accélérer son travail. Par ailleurs, un mauvais état de santé et une alimentation déficiente ralentissent l'élimination de l'alcool par le foie.

Sachez refuser quand on insiste pour vous faire boire.

Voici un répertoire d'excuses qui peut être utile au moment opportun : « non merci, je conduis » ; « les alcools forts me rendent malade » ; « j'ai des problèmes de foie » ; « si j'en prends trop j'aurai mal à la tête » ; « je prends des médicaments » ; « j'ai un examen demain matin » ; « je dois me lever tôt pour aller travailler ».

ZOOM

CINQ MYTHES TENACES SUR L'ALCOOL

Quand j'ai froid en ski de fond je prends un peu d'alcool pour me réchauffer.

Certes, l'alcool réchauffe. Mais ça ne dure pas ! En ouvrant les capillaires situés sous la peau, il laisse filer la chaleur du corps. Après un certain temps, on finit par geler.

J'ai pris du café, ça dégrise !

Le café n'a aucun effet sur l'élimination de l'alcool dans le sang. Il peut cependant aider à rester éveillé.

J'ai dansé; en transpirant j'ai donc éliminé mon alcool.

La danse, aussi vive soit-elle, ne vous fera perdre que 3 % d'alcool par la transpiration. Si vous avez pris quelques bières, vous devrez danser toute la nuit pour être dégrisé !

Je peux conduire, je n'ai rien bu depuis une heure.

En une heure, le corps n'élimine que l'alcool contenu dans une seule consommation (15 mg).

J'ai l'habitude de boire, ça me fait moins d'effet.

Il est vrai qu'une personne habituée à boire ressent moins les effets de l'alcool, mais cela ne change rien au taux d'alcool dans le sang. L'alcootest peut le confirmer !

Évitez les aliments très salés ou très sucrés. Les croustilles, arachides et sucreries incitent à boire davantage.

Devenez l'hôte parfait

Quand vous organisez une fête, vous pouvez aider vos invités à résister à l'attrait de l'alcool. Les trucs suivants vous feront par la même occasion considérer comme un hôte qui veille au bien-être de ses amis !

Servez des aliments riches en protéines ou en amidon, comme le fromage, les fruits de mer, les craquelins ou les crudités. Ces aliments ralentissent l'arrivée de l'alcool dans le sang.

Choisissez un endroit assez vaste et bien aéré. Plus il y a de monde, plus il fait chaud et plus on a soif.

Prévoyez assez de sièges. Les gens ont tendance à vouloir tenir un verre à la main lorsqu'ils sont debout : ils boivent donc plus debout qu'assis.

Pensez à offrir des boissons non alcoolisées ou faibles en alcool (0,5 %). Vous serez surpris de l'accueil qui leur sera réservé !

Animez la fête en faisant bouger vos invités. Occupez-les avec des jeux de société amusants. De cette façon, vous éviterez que boire devienne la principale activité de la soirée !

BILAN ① mon mode de vie

Rester inactif, négliger son alimentation, fumer, abuser de l'alcool ou vivre dans un état de stress constant, voilà les cinq habitudes de vie qui affaiblissent le plus la résistance du corps à la maladie et qui, dans certains cas, augmentent le risque d'un accident souvent mortel. Ces habitudes comptent-elles parmi les vôtres ? Les 15 situations décrites ci-après vous aideront à répondre à cette question. Pour chacune des cinq habitudes de vie concernées, nous vous offrons de choisir, parmi trois comportements, celui qui vous décrit le mieux actuellement. Le petit tableau ci-dessous sur l'intensité de l'activité physique vous aidera à comprendre ce qu'on entend par une activité physique d'intensité faible, moyenne ou élevée. L'évaluation terminée, les cinq comportements retenus devraient vous permettre de juger si votre mode de vie est assez sain pour tenir à distance les maladies de l'heure ou assez « rock'n'roll » pour les attirer.

Apprenez d'abord à distinguer les niveaux d'intensité de l'activité physique.

Intensité de l'activité physique

Activité physique d'intensité...	Signes physiques observables	Quelques exemples
faible	Pouls à peine plus élevé que celui au repos ; respiration presque régulière ; aucune sudation.	Marche ordinaire, haki (jeu de balle avec les pieds), volley-ball récréatif, billard, tâches ménagères, golf miniature, tir à l'arc, quilles, etc.
moyenne	Pouls nettement plus élevé que celui au repos (au moins 30 battements de plus) ; respiration plus rapide ; légère sudation.	Marche rapide, tennis de table ou tennis récréatif, natation récréative, base-ball, trot à cheval, danse aérobique sans sauts, golf sans voiturette électrique, vélo à 15 km/h, ski de fond sur le plat, etc.
élevée à très élevée	Pouls très élevé (au moins 60 battements de plus) ; respiration haletante, sudation parfois abondante.	Jogging, match de badminton ou de tennis enlevé ; squash, racquet-ball, basket-ball compétitif, arts martiaux, aéroboxe ou tae bo, saut à la corde, vélo de montagne, soccer (match), hockey, etc.

ACTIVITÉ PHYSIQUE : ACTIF OU SÉDENTAIRE ?

1. Je fais tous les jours ou presque au moins 30 minutes d'activité physique d'intensité légère à modérée OU je pratique au moins 3 fois par semaine, à raison de 30 à 60 minutes, une activité physique d'intensité modérée ou parfois élevée.

2. Je fais moins de 10 minutes d'activité physique modérée chaque jour.

3. Je me situe plutôt entre 1 et 2.

(N. B. : Pour faire une évaluation plus précise, faites la partie du Bilan 2 qui porte sur votre niveau d'activité physique, à la p. 69.)

ALIMENTATION : BONNE BOUFFE OU MALBOUFFE ?

4. Je mange chaque jour (ou presque) des fruits et des légumes frais ainsi que des aliments riches en fibres (céréales, pain, riz, pâtes, légumineuses). J'essaie le plus possible d'éviter les aliments riches en gras saturés, en huiles hydrogénées et en sel. Bref, je respecte globalement les recommandations du *Guide alimentaire canadien* (figure 1.5).

5. Je croque rarement des fruits et des légumes frais et je ne raffole pas des aliments riches en fibres. Par contre, je mange régulièrement (plus de trois fois par semaine) des repas préparés ou des repas-minute (fast-food) sans me soucier de leur valeur. Il m'arrive aussi de sauter des repas et de manger à des heures irrégulières.

6. Je me situe entre 4 et 5.

CIGARETTES : FUMEUR OU NON-FUMEUR ?

7. Je ne fume pas et j'évite autant que possible la fumée secondaire.

8. Je fume plus de 20 cigarettes par jour.

9. Je me situe entre 7 et 8.

STRESS : TENDU OU RELAXÉ ?

10. Je suis plutôt calme, je dors bien la plupart du temps et je ne panique pas facilement quand un problème surgit. Quand c'est nécessaire, j'utilise des « chasse-stress » pour contrôler mon niveau de stress.

11. Je me sens souvent tendu et il m'arrive fréquemment de ressentir des
raideurs dans la nuque et entre les omoplates. Je ne dors pas bien
et il me semble que je m'en fais pour tout et pour rien.

12. Je me situe entre 10 et 11.

(Pour faire une évaluation plus précise de votre niveau de stress,
remplissez le tableau 1.6 à la p. 31.)

ALCOOL : GROS BUVEUR OU BUVEUR MODÉRÉ ?

13. Je prends en moyenne deux consommations d'alcool ou moins par jour.

14. Je prends régulièrement plus de quatre consommations d'alcool par jour
et parfois plus.

15. Je me situe entre 13 et 14.

Que signifient
mes choix ?

La combinaison 1, 4, 7, 10, 13 révèle une personne physiquement active, qui s'alimente bien, ne
fume pas ou très peu, consomme de l'alcool modérément et contrôle son stress. Plus ces comportements
s'apparentent aux vôtres, plus votre niveau de protection
contre les maladies de l'heure est élevé. Par contre, les
situations 2, 5, 8, 11 et 14 représentent de mauvaises habitudes de vie qui peuvent menacer sérieusement votre santé.
Malheureusement, il n'existe pas de pilule magique qui
pourrait transformer instantanément un mauvais pli en
une bonne habitude. Toutefois, les solutions proposées
dans ce chapitre et tout au long de ce manuel peuvent
vous aider à modifier vos comportements. Enfin, si les
situations 3, 6, 9, 12 et 15 vous concernent, il suffirait
de quelques petits changements pour que vous viviez
plus sainement.

CHAPITRE 2

La pantoufle ou la chaussure de sport

C'est un exploit : en moins d'un siècle, à coups de réalisations tech-
nologiques, on aura réduit à presque rien tous nos efforts physiques
quotidiens (figure 2.1). La création de mondes virtuels et la généra-
lisation de la télécommande ont fait en sorte que nos moindres
gestes et activités sont maintenant effectués par des « muscles électroniques ». Ne peut-on pas déjà, d'un simple clic, verrouiller les
portières de la voiture, la faire démarrer, ouvrir la porte du garage,
mettre en marche une foule d'appareils électroniques (téléviseur,
chaîne stéréo, etc.) ? Ne peut-on pas également, sans jamais quitter
son fauteuil et rien qu'en tapant sur le dos d'une petite souris, faire
son marché, acheter des billets de spectacle, joindre son professeur,
visiter virtuellement une bibliothèque ou un pays, consulter un
menu de restaurant, mettre à jour son livret de banque ou encore
envoyer un message à l'autre bout du monde ?

FIGURE 2.1

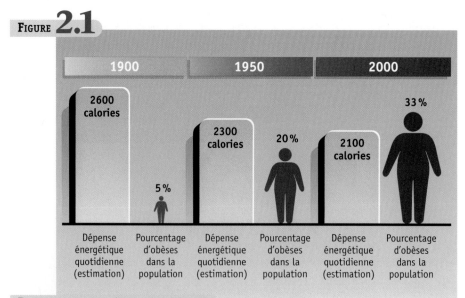

**DIMINUTION DE LA DÉPENSE ÉNERGÉTIQUE
ET HAUSSE DU TAUX D'OBÉSITÉ EN AMÉRIQUE DU NORD**

LES EFFETS SECONDAIRES D'UNE VIE SÉDENTAIRE

L'automatisation des tâches nous aura certes facilité l'existence, en plus de réduire le labeur de millions de salariés qui devaient, jusque-là, trimer dur pour gagner leur vie. En revanche, l'automatisation impose un repos contre nature au corps qui, lui, n'a presque pas changé depuis des siècles. Doté d'un squelette toujours garni de quelque 400 muscles dont la fonction première est de bouger, le voilà réduit au chômage musculaire. Cette mise au repos imposée à plus de 35 % de la masse corporelle, soit le poids des muscles, n'est pas sans conséquences pour notre organisme (figure 2.2). Elle favorise en effet l'apparition de ce que les chercheurs appellent les malaises ou **maladies « hypokinétiques »**, c'est-à-dire les problèmes de santé associés à un mode de vie sédentaire. En voici quelques-uns.

Des muscles qui fondent comme neige au soleil

La fonte des muscles est l'effet le plus visible de l'inactivité physique. Par exemple, le fait de porter un plâtre pendant un mois ou de passer deux semaines au lit provoque une fonte des muscles, très palpable d'ailleurs, de 20 à 30 % ! Certes, il s'agit là de situations extrêmes aux effets impressionnants, mais si vous êtes sédentaire, vos muscles connaîtront le même sort à plus longue échéance. On sait en effet qu'un individu sédentaire peut perdre jusqu'à 225 g (1/2 lb) de muscle par année, ce qui prouve bien que les muscles sont très dépendants de l'effort physique. Il faut dire que, contrairement aux protéines du tissu nerveux, par exemple, celles des muscles se dégradent lorsqu'elles sont sous-utilisées. Résultat : la force et l'endurance du muscle s'en trouvent sérieusement diminuées, ce qui augmente le risque de blessures en cas de chute ou de faux mouvement. Heureusement, quelques semaines d'activité physique

FIGURE **2.2**

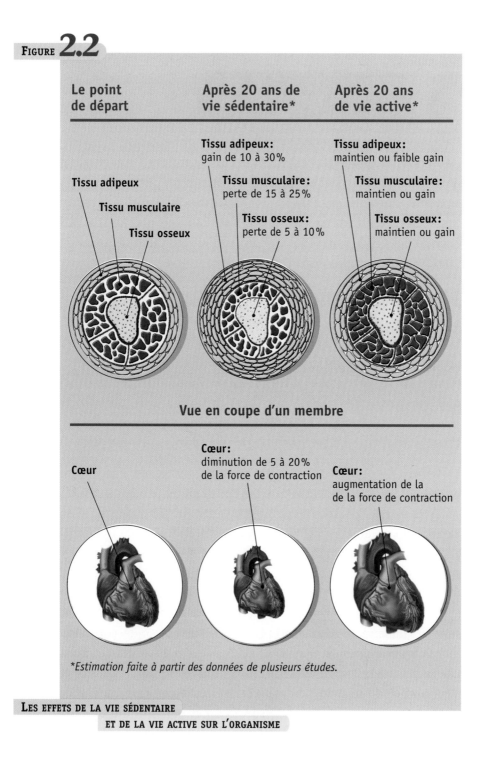

Le point de départ

Après 20 ans de vie sédentaire*

Après 20 ans de vie active*

Tissu adipeux: gain de 10 à 30%

Tissu adipeux: maintien ou faible gain

Tissu adipeux

Tissu musculaire: perte de 15 à 25%

Tissu musculaire: maintien ou gain

Tissu musculaire

Tissu osseux: perte de 5 à 10%

Tissu osseux: maintien ou gain

Tissu osseux

Vue en coupe d'un membre

Cœur: diminution de 5 à 20% de la force de contraction

Cœur

Cœur: augmentation de la de la force de contraction

Estimation faite à partir des données de plusieurs études.

LES EFFETS DE LA VIE SÉDENTAIRE ET DE LA VIE ACTIVE SUR L'ORGANISME

suffisent pour revigorer les muscles, et cela même à 80 ans, comme l'ont démontré des études récentes menées auprès de personnes âgées soumises à un programme de musculation.

Des os plus frêles

L'atrophie des muscles n'est que la pointe de l'iceberg : les os subissent le même sort, mais on ne le remarque pas. Après sept jours d'inactivité physique totale, comme le repos au lit, la perte de calcium dans les urines et les selles est doublée. En cinq mois d'alitement, on peut perdre plus de 5 % de son capital osseux. Les examens radiologiques révèlent que les os supportant le poids du corps (tibias, péronés, fémurs et vertèbres lombaires) sont, de loin, les plus affaiblis par ce genre de repos forcé. Pour rester en santé, ces os ont besoin de la traction des muscles qui y sont attachés et de la gravité. Les contraintes mécaniques favorisent la rétention du calcium. À faire du canapé, on ne prépare donc rien de bon pour les os des membres inférieurs.

Le tissu osseux pouvant, comme le tissu musculaire, se régénérer, il suffit de redevenir plus actif pour mettre un terme à sa dégradation. Par exemple, dès qu'on permet au patient alité de marcher ou de se tenir debout deux à trois heures par jour, la perte de calcium ralentit considérablement. Il n'en reste pas moins qu'au-delà d'une certaine perte de tissu osseux, la réversibilité du processus ne semble plus possible.

La voie expresse vers l'obésité

On estime que plus de 60 % des Nord-Américains sont gras et 33 % carrément trop gras, c'est-à-dire **obèses.** En fait, notre tour de taille ne cesse d'augmenter depuis le début du siècle (figure 2.1, p. 48). Hérédité ? Non ! Déséquilibre énergétique plutôt. Contrairement à nos ancêtres qui, s'ils mangeaient plus que nous, étaient beaucoup plus actifs physiquement, nous ne dépensons pas suffisamment de calories. Résultat : nous les emmagasinons avec une facilité déconcertante. Ces calories en trop sont transformées en graisse.

À ce premier déséquilibre énergétique s'ajoute un deuxième, causé celui-là par le ralentissement du **métabolisme de base** (dépense énergétique du corps au repos). Entre 25 et 55 ans, celui-ci baisse en moyenne de 1 % chez l'individu physiquement actif, alors qu'il chute de 15 % chez l'individu sédentaire. Cet écart s'explique par le fait que le tissu musculaire est très actif sur le plan métabolique. Comme l'adepte de la chaussure de sport conserve ou augmente sa masse musculaire au fil des ans, sa « fournaise métabolique » chauffe davantage, et ce 24 heures sur 24. À l'inverse, l'accro de la pantoufle ayant une masse musculaire moins importante, sa fournaise métabolique chauffe moins. Des études ont démontré un ralentissement moyen de 5 % du métabolisme de base chez des individus physiquement actifs qui sont devenus sédentaires. Ce ralentissement suffit pour emmagasiner quelque 75 calories par jour, sans manger davantage. Cela signifie l'accumulation d'un surplus d'environ 500 calories après une semaine, et de plus de 7000 calories après 14 semaines ! À ce rythme, si on ne réduit pas son apport calorique ou qu'on n'augmente pas sa dépense calorique, on engraisse à coup sûr, puisque 7000 calories équivalent à environ un kilogramme de graisse.

L'effet combiné de ces deux déséquilibres énergétiques (métabolisme plus lent et faible dépense calorique) explique bien des rondeurs. L'excédent de gras au niveau du ventre est particulièrement dangereux, parce que le **gras abdominal** est celui qui pénètre le plus facilement dans le sang. Après avoir examiné 10054 hommes et femmes de 18 à 74 ans, des chercheurs de l'université de Saskatchewan ont constaté que les participants dont le **tour de taille** variait entre 90 et 100 cm présentaient un risque élevé de maladie cardiaque. Quant à ceux dont le tour de taille dépassait un mètre (100 cm), ils souffraient deux fois plus souvent d'hypertension et de diabète que ceux dont le tour de taille était inférieur à 90 cm. Combien mesure votre tour de taille ?

Des douleurs dans le bas du dos

Les statistiques le prouvent : environ 80 % des douleurs chroniques dans le bas du dos sont causées par le manque d'activité physique.

Il faut savoir que le bassin est maintenu dans sa position normale grâce à la **tension équilibrée** entre deux groupes musculaires : les muscles de l'abdomen et ceux du bas du dos (chapitre 5). Or, le manque d'exercice affaiblit les abdominaux, ce qui entraîne à la longue un déplacement du bassin vers l'avant. L'accumulation de tissu adipeux au niveau de l'abdomen ne fait qu'accentuer le processus. Le bas du dos se creuse alors de plus en plus et la douleur chronique s'installe petit à petit. Au contraire, les gens physiquement actifs souffrent dix fois moins souvent que les gens sédentaires de douleurs dans le bas du dos.

Une tension nerveuse emprisonnée

Comme on l'a vu au chapitre 1, dès qu'on subit un stress, une alerte physiologique commande au corps une réaction physique immédiate destinée à combattre ou à fuir l'agent stresseur. Dans le cas d'un stress émotionnel, cependant, l'énergie mobilisée reste souvent emprisonnée, sauf si on la libère en pratiquant une activité physique. La personne inactive se prive de cet exutoire ; sa tension nerveuse ne fait alors que s'accroître au fil de la journée. À cinq heures de l'après-midi, elle est épuisée, même si elle n'a fait aucun exercice ! Avec le temps, elle finira par souffrir de problèmes de santé associés à l'accumulation de stress.

Un cœur fatigué à ne rien faire

Il est maintenant prouvé que le cœur des individus sédentaires est plus petit, moins épais (on parle ici de l'épaisseur des parois du muscle cardiaque) et moins efficace que celui des individus physiquement actifs. Mais, surtout, il court un risque deux ou trois fois plus grand de souffrir d'une maladie grave. Certaines personnes sont à ce point sédentaires que des efforts habituellement inoffensifs comme pelleter de la neige, faire du jogging ou encore jouer au tennis deviennent dangereux pour leur cœur sous-entraîné. En fait, l'inactivité physique est désormais reconnue comme un facteur de risque de maladies cardiaques aussi important que le tabagisme, l'hypertension et un taux élevé de mauvais cholestérol.

Une perte d'autonomie

Plus on vieillit, plus on apprécie de pouvoir marcher sans l'aide d'une canne, se pencher pour ramasser quelque chose ou étirer les bras pour saisir un objet perché sur une tablette. Une vie sédentaire risque de vous priver de cette autonomie d'action à un plus jeune âge. Des muscles raides, des articulations au rayon d'action limité, des réflexes diminués et une mauvaise coordination entre la main et l'œil sont le lot des pantouflards !

Mourir d'inactivité physique !

Les personnes inactives sont plus souvent malades, coûtent plus cher à la société en frais médicaux et vivent moins longtemps que les personnes physiquement actives. En fait, leur risque de décès prématuré, toutes causes confondues, est plus élevé d'environ 40 % (figure 2.3). En somme, on peut mourir d'inactivité physique.

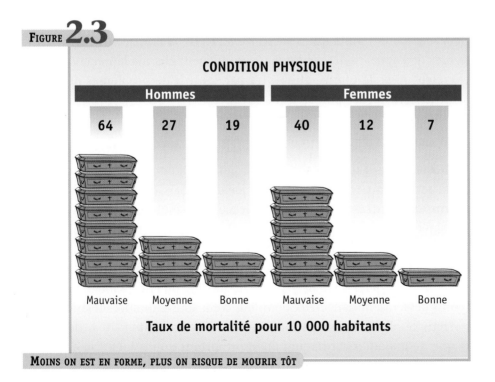

FIGURE **2.3**

CONDITION PHYSIQUE

Hommes			Femmes		
64	27	19	40	12	7
Mauvaise	Moyenne	Bonne	Mauvaise	Moyenne	Bonne

Taux de mortalité pour 10 000 habitants

MOINS ON EST EN FORME, PLUS ON RISQUE DE MOURIR TÔT

QUAND L'EXERCICE DEVIENT UN MÉDICAMENT

Si le manque d'exercice nuit à notre santé, l'exercice régulier l'améliore. Indépendamment d'autres facteurs comme la cigarette, l'âge ou l'alimentation, l'exercice réduit substantiellement le risque de crise cardiaque, d'hypertension, de diabète, d'ostéoporose et, probablement, de cancer (figure 2.4). Pour les individus déjà malades, comme les cardiaques et les diabétiques, l'exercice fait maintenant partie du traitement médical. En fait, si on pouvait mettre les effets de l'exercice en pilules, il deviendrait sûrement le médicament le plus vendu au monde et le seul à ne pas avoir d'effets secondaires, à part une courbature, un point sur le côté ou de la fatigue musculaire de temps à autre.

FIGURE **2.4**

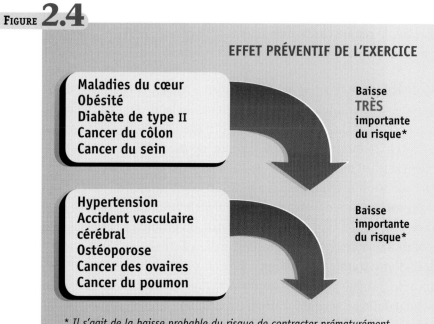

EFFET PRÉVENTIF DE L'EXERCICE

Maladies du cœur
Obésité
Diabète de type II
Cancer du côlon
Cancer du sein

Baisse TRÈS importante du risque*

Hypertension
Accident vasculaire cérébral
Ostéoporose
Cancer des ovaires
Cancer du poumon

Baisse importante du risque*

* Il s'agit de la baisse probable du risque de contracter prématurément une maladie dégénérative chez les individus physiquement actifs.

L'EXERCICE-MÉDICAMENT EN UN COUP D'ŒIL

Voyons maintenant comment, précisément, certaines maladies peuvent être contrées par la pratique régulière d'une activité physique.

La maladie coronarienne

Première cause de décès dans le monde, la **maladie coronarienne** débute, insidieusement, par des dépôts de gras dans les artères coronaires (**athérosclérose**), lesquelles acheminent l'oxygène dans les cellules contractiles du cœur. Puis, un jour, un caillot de sang vagabond donne le coup de grâce en bouchant l'artère ; c'est la crise cardiaque (**infarctus**). En combattant directement l'athérosclérose, en augmentant la force de contraction du cœur et en rendant le sang plus liquide (de sorte que le risque de formation d'un caillot est réduit), la pratique régulière d'une activité physique diminue le risque de crise cardiaque autant que l'abandon de la cigarette. L'exercice s'attaque aussi à trois autres facteurs de risque associés à la maladie coronarienne : il réduit l'hypertension artérielle d'environ 10 %, une baisse suffisante pour éliminer le recours aux médicaments chez un hypertendu léger ; il fait maigrir, ce qui diminue le risque cardiaque associé à l'obésité ; et il encourage le fumeur à abandonner la cigarette.

L'exercice permet aussi au patient qui a subi un infarctus de se remettre sur pied plus rapidement et même d'acquérir une meilleure forme physique qu'avant. Des études ont démontré que le traitement par l'exercice diminue de 20 % le risque de mortalité durant les trois années suivant un infarctus. Il est aussi reconnu que l'exercice retarde le moment où le cœur pourrait manquer d'oxygène (un atout pour les personnes angineuses), qu'il stabilise la pression artérielle et la masse corporelle, de même qu'il retarde ou élimine la nécessité de recourir à une deuxième **angioplastie** (désobstruction d'une artère à l'aide d'une sonde à ballonnet) chez les personnes qui en ont déjà subi une. Jumelé à une alimentation faible en gras, l'exercice peut même réduire les plaques d'athérome dans les artères coronaires.

Par ailleurs, l'exercice permet au corps du patient de « renouer » avec une de ses principales fonctions, le travail musculaire, ce qui contribue généralement à améliorer l'estime de soi. Cet effet psychologique est important, car les patients souffrent souvent de dépression après un infarctus.

Le diabète

L'insuline est une hormone qui régularise le taux de sucre dans le sang (**glycémie**). Si elle vient à manquer ou si son efficacité diminue, le glucose reste dans le sang, privant ainsi les cellules qui en ont besoin. C'est là tout le drame du diabétique ; il ne manque pas de sucre, mais il est incapable de l'utiliser. Si le déficit est majeur – le pancréas ne produit pas ou presque pas d'insuline – on est en présence d'un **diabète** sévère : le **type** i, appelé aussi juvénile parce qu'il frappe surtout avant 20 ans. Il représente 10 % des cas de diabète. Si le pancréas produit de l'insuline mais en quantité insuffisante, ou que l'insuline sécrétée devient à la longue moins efficace, ou encore les deux à la fois, on parle d'un **diabète de type** ii, qui est moins grave. On le surnomme « diabète adulte », parce qu'on le dépiste en général chez des personnes âgées de 40 ans et plus.

Ce type de diabète prend des proportions épidémiques en Amérique du Nord. Les complications à long terme du diabète en font la quatrième cause de décès et la principale cause de cécité en Amérique du Nord. Dans 85 % des cas, il est attribuable à un mode de vie malsain, et 80 % des personnes qui en souffrent sont obèses. Il faut savoir que plus on est gras, plus l'efficacité de l'insuline diminue. L'exercice constitue un moyen efficace de se protéger contre cette maladie, parce que, justement, il permet de réduire la masse grasse. Il suffit d'une perte de poids de 2 à 5 kg pour que diminue significativement le taux de sucre dans le sang. Autre effet de l'exercice : il facilite la pénétration du glucose dans les muscles, ce qui augmente l'efficacité de l'insuline disponible. Finalement, l'organisme parvient à contrôler son taux de sucre avec moins d'insuline. Les athlètes qui participent à des épreuves de fond le démontrent à merveille, puisqu'ils produisent jusqu'à deux fois moins d'insuline que les non-athlètes, tout en conservant un taux de sucre normal.

Lorsque la maladie est déjà installée, l'action positive de l'exercice sur la glycémie, jumelée à une alimentation appropriée, évite souvent aux diabétiques le recours aux injections d'insuline. À long terme, l'effet bénéfique de l'exercice sur la santé cardiovasculaire est particulièrement important pour le malade, puisque le diabète finit souvent par provoquer de l'athérosclérose. Toutefois, l'activité physique ne prévient pas l'apparition du diabète de type I. Mais, comme pour le diabète de l'adulte, l'exercice fait partie du traitement visant à contrôler la glycémie.

Le cancer

À première vue, on comprend mal comment la danse aérobique ou le jogging pourraient prévenir le cancer. Pourtant, une vingtaine d'études ont mis en évidence le fait que les individus physiquement actifs étaient moins souvent atteints de cancer que les personnes sédentaires (figure 2.5). Et les cancers qui battent en retraite devant

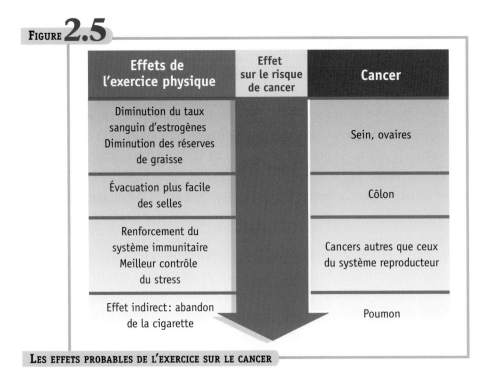

FIGURE **2.5**

Effets de l'exercice physique	Effet sur le risque de cancer	Cancer
Diminution du taux sanguin d'estrogènes Diminution des réserves de graisse		Sein, ovaires
Évacuation plus facile des selles		Côlon
Renforcement du système immunitaire Meilleur contrôle du stress		Cancers autres que ceux du système reproducteur
Effet indirect: abandon de la cigarette		Poumon

LES EFFETS PROBABLES DE L'EXERCICE SUR LE CANCER

la chaussure de sport comptent parmi les plus dévastateurs : cancer du sein, de l'ovaire, de l'endomètre, de la prostate, du côlon et des poumons. Plusieurs hypothèses tentent d'expliquer l'effet préventif de l'exercice sur le cancer.

L'hypothèse mécanique. En provoquant un brassage des intestins, l'exercice stimule le péristaltisme intestinal, ce qui facilite l'évacuation des selles. En somme, selon cette hypothèse, l'exercice agit comme un laxatif et diminue ainsi le temps de contact entre la muqueuse des intestins et les substances cancérigènes contenues dans les matières fécales. Résultat : moins de cancers du côlon chez les gens physiquement actifs.

L'hypothèse hormonale. Selon cette hypothèse, l'exercice abaisse le taux de certaines hormones dans le sang (estrogènes et testostérone, notamment), lesquelles, si elles ne déclenchent pas le cancer, semblent en accélérer le développement. Résultat : beaucoup moins de cancers du sein, de l'ovaire et de l'endomètre chez les femmes physiquement actives et aussi moins de cancers de la prostate chez les hommes physiquement actifs, bien que le lien ici soit statistiquement faible.

L'hypothèse immunitaire. L'exercice préviendrait également le cancer en stimulant le **système immunitaire**, en particulier la production d'interleukine, d'interféron et de certains types de lymphocytes (T et NK) qui s'attaquent aux cellules cancéreuses. Résultat : moins de cancers en général chez les gens physiquement actifs.

Les personnes soignées pour un cancer profitent aussi des effets de l'activité physique. Des études menées auprès de patients cancéreux ayant suivi un programme de conditionnement physique ont révélé qu'ils se sentaient beaucoup mieux physiquement et psychologiquement. Certains patients avaient même moins de nausées après la chimiothérapie. Mais, surtout, la plupart de ces patients ont retrouvé leur appétit et repris du poids. Il s'agit là d'un effet important quand on sait que 20 à 40 % des personnes cancéreuses meurent des suites de complications reliées à la sous-alimentation et à l'inactivité physique.

L'asthme

Il est vrai que l'exercice peut déclencher une crise d'asthme. On peut néanmoins prévenir les crises causées par l'exercice en faisant un échauffement de 10 à 15 minutes (chapitre 8), ainsi qu'en évitant les activités trop intenses et les températures très froides (sinon on porte un masque qui couvre la bouche et le nez). Lorsqu'un asthmatique prévoit faire un exercice plus vigoureux que d'habitude, il peut prendre une dose ou deux de son médicament habituel 20 à 30 minutes avant le début de l'activité. À la longue, l'exercice amène l'asthmatique à respirer moins rapidement pendant un effort modéré. Par conséquent, l'assèchement des voies respiratoires (un facteur déclencheur de crises) est beaucoup moins prononcé, ce qui se traduit par une diminution de la fréquence et de la gravité des crises d'asthme et, par ricochet, de la dose de médicament administrée. On notera d'ailleurs que 10 à 15 % des athlètes de haut niveau sont asthmatiques, et que cet état ne les empêche nullement d'établir de nouvelles marques olympiques.

L'ostéoporose

En musclant littéralement le squelette, l'exercice combat directement l'ostéoporose, cette dégénérescence des os qui les rend aussi cassants qu'une branche morte. À preuve, des études sur le bras dominant des joueurs de tennis (le bras droit pour un droitier) montrent que le radius, le cubitus et l'humérus du bras sollicité sont plus gros et plus denses que ceux du bras moins utilisé. D'autres études effectuées auprès de joueurs de balle molle américains présentent des résultats similaires.

Chez la personne déjà atteinte d'ostéoporose, l'exercice devrait faire partie du traitement puisqu'on a démontré qu'il peut, associé à une alimentation riche en calcium, freiner le processus de décalcification des os. En outre, l'effort physique améliore le tonus musculaire, la coordination, l'équilibre et les réflexes, ce qui réduit les risques de chute, cause première des fractures de la hanche chez les femmes de plus de 50 ans, lesquelles sont les plus sujettes à l'ostéoporose.

ZOOM

L'EXERCICE, LES ESTROGÈNES ET LE CANCER DU SEIN

Les cancers du sein, de l'ovaire et de l'endomètre ont ceci en commun qu'ils sont hormonodépendants, c'est-à-dire que ce sont des cancers dont le développement semble accéléré par des taux élevés d'estrogènes dans l'organisme. Ces hormones ne provoquent pas le cancer, mais elles stimulent la division des cellules dans les seins, l'endomètre et les ovaires. On peut imaginer le résultat en présence de cellules précancéreuses ou cancéreuses! Or, l'exercice réduit l'exposition aux estrogènes en entraînant une diminution de leur sécrétion (hypoestrogénie).

Voici comment :

L'exercice diminue la production d'estrogènes extraglandulaires (produits à l'extérieur des ovaires) en réduisant le pourcentage de gras dans la masse corporelle. Les cellules adipeuses peuvent en effet, sous l'action d'une enzyme appelée aromatase, fabriquer de l'estradiol, la forme d'estrogène la plus active au niveau de la division cellulaire.

L'exercice diminue la production d'estrogènes glandulaires (produits par les ovaires), ce qui réduit le nombre de cycles menstruels que la femme aura dans sa vie. Ainsi, à l'âge de la puberté, l'exercice retarde d'environ deux ans le déclenchement des règles chez les jeunes filles physiquement très actives. Les cas, assez fréquents, d'aménorrhée (arrêt des menstruations) et d'oligoménorrhée (menstruations moins fréquentes) chez les athlètes confirment d'une façon spectaculaire que l'exercice ralentit la production d'estrogènes au niveau ovarien. Notons que parmi les facteurs de risque associés aux cancers hormonodépendants se trouvent les règles précoces et la ménopause tardive.

Enfin, l'exercice diminue la douleur dans le bas du dos, fréquente chez les personnes ostéoporotiques.

La pratique régulière d'une activité physique aide également à soulager les symptômes associés à la fibrose kystique, à la polyarthrite rhumatoïde, à la sclérose en plaques, à la dystrophie musculaire, à la maladie de Parkinson et à l'emphysème. Somme toute, il existe peu de médicaments aux effets thérapeutiques aussi nombreux.

LES BIENFAITS PSYCHOLOGIQUES DE L'ACTIVITÉ PHYSIQUE

Nous avons parlé des effets de l'exercice sur les muscles, les os et les organes. Mais que pensez-vous que Julie, 18 ans, constate après sa séance d'exercices? Qu'elle a moins de gras dans le sang? Que ses muscles utilisent mieux l'oxygène? Que sa pression sanguine s'améliore? Bien sûr que non! Elle constate plutôt qu'elle est totalement détendue, elle qui, une heure plus tôt, avait les épaules en pignon, les mâchoires serrées et la nuque raide. Le premier effet qu'elle perçoit est donc de nature psychologique. Les recherches ont d'ailleurs confirmé que l'exercice améliore nos états d'âme, et ce de bien des façons.

Un relaxant aux effets immédiats

Un exercice léger de quelques minutes, un peu de marche par exemple, entraîne une réduction marquée et quasi instantanée de l'activité électrique dans les muscles, ce qui produit une baisse immédiate de la tension nerveuse. Les personnes crispées, dont les muscles sont sous haute tension électrique, si on peut dire, sont celles qui profitent le plus de cette baisse de tension. Une séance d'exercice modéré de 30 minutes suffit à réduire l'anxiété pendant deux à quatre heures. C'est ce qu'on appelle un bon rendement! Les chercheurs ont aussi constaté que les personnes physiquement actives sont généralement plus détendues et résistent mieux à une situation stressante que les personnes sédentaires.

Une distraction utile

L'exercice peut vous distraire de vos tracas. Cet effet est particulièrement important pour les personnes constamment envahies par des pensées négatives, ce qui est fréquent dans les cas de dépression.

L'exercice améliore également la confiance en soi en nous redonnant le contrôle de notre corps. En somme, en libérant le corps, l'activité physique libère en quelque sorte l'esprit.

Un narcotique tout à fait légal

L'activité physique agit comme un narcotique. En effet, des études récentes ont démontré que l'exercice augmente le taux de **sérotonine** dans le sang, un neurotransmetteur qui favorise la détente et la bonne humeur. Or, les personnes déprimées ont des taux de sérotonine anormalement bas. De plus, les exercices de longue durée (plus de 45 minutes) augmentent la sécrétion d'**endorphines**, des hormones euphorisantes de la même famille que la morphine. Ces effets sont d'autant plus intéressants qu'on peut en profiter en toute légalité et sans débourser un sou.

Dans les cas de dépression légère ou modérée, l'exercice s'avère aussi efficace que les antidépresseurs et la psychothérapie. Le Dr Bob Hales, un psychiatre américain de l'université de Georgetown, utilise d'ailleurs depuis des années l'effet « narcotique » de l'activité physique pour traiter ses patients déprimés. Il leur suggère de jogger modérément pendant environ une heure, ce qu'il estime comme étant suffisant pour déclencher la libération des endorphines et, avec elles, un peu d'euphorie. Enfin, dans les cas de dépression grave, l'activité physique pratiquée dès le début du traitement peut empêcher le patient de sombrer dans une dépression encore plus profonde.

Un coup de pouce pour l'image de soi

L'activité physique entraîne des changements physiques qui peuvent améliorer une image de soi assombrie par la déprime. Par exemple, des muscles plus fermes et moins enrobés de tissu adipeux, ainsi qu'une plus grande liberté de mouvements peuvent faire en sorte qu'on se sent mieux dans sa peau. De surcroît, plus on est en forme et plus on a de l'énergie pour accomplir des choses. De quoi tenir à distance l'inertie quand le moral est à zéro.

Un moyen efficace de prévenir la dépression

Des chercheurs du National Institute of Mental Health, aux États-Unis, ont suivi pendant huit ans 1900 femmes en bonne santé mentale. Au terme de l'étude, les femmes physiquement actives présentaient, d'après certains tests mesurant l'état de santé mentale, 50 % moins de risques que les autres de devenir déprimées au cours de la prochaine décennie. Une autre étude publiée dans les *Archives of internal medicine* montre que l'exercice physique est aussi efficace que les médicaments antidépresseurs pour combattre la dépression chez des hommes d'âge moyen. En somme, l'activité physique s'avère être pour le moral un merveilleux tonique qui coûte deux fois rien et peut être prescrit à toute personne en panne sur le plan émotionnel.

À tel état d'âme correspond tel exercice

Le choix de l'exercice, de sa durée et de son intensité dépend de la nature et de la gravité du problème émotionnel.

Pour abaisser le niveau d'anxiété, il est recommandé de faire 15 à 25 minutes d'exercice modéré en fin de journée ou en début de soirée. C'est le soir que l'anxiété atteint son maximum. Les exercices de musculation (ils nous donnent une impression de vigueur retrouvée) et les activités physiques faisant appel à la fois au physique et au mental (tai-chi, voile, escalade, etc.) sont particulièrement efficaces pour combattre l'anxiété.

Pour contrer une petite déprime, il est préférable de faire de l'exercice le matin, puisque c'est souvent au réveil que la déprime se manifeste. Un conseil : comme déprime rime avec inertie, il ne sert à rien de se forcer à faire des exercices exténuants. Des exercices légers au sortir du lit suffiront au début, quitte à les intensifier ultérieurement.

Pour mieux dormir, 30 minutes d'exercice modéré vers la fin de l'après-midi devraient détendre les muscles (des muscles tendus nuisent au sommeil) et le système sympathique, c'est-à-dire celui qui met le corps en état d'alerte lors d'un stress. Ajoutons que l'exercice augmente la fréquence des ondes alpha, associées au sommeil profond. À éviter, cependant, l'exercice vigoureux juste avant d'aller au lit.

Pour ressentir l'effet euphorisant de l'exercice, il faut pratiquer des activités physiques modérées (marche sportive, jogging, ski de fond, vélo, exerciseurs cardiovasculaires, etc.) pendant au moins 45 minutes. Cela semble suffisant pour provoquer une hausse de la concentration d'endorphines dans le sang et déclencher un effet narcotique tout à fait légal.

Pour prévenir un stress appréhendé, faites 10 à 15 minutes d'exercice modéré avant l'événement susceptible de créer ce stress important. Prenez ensuite une bonne douche. Vous constaterez alors que vous êtes assez calme pour faire face à la musique !

L'EXERCICE : LA LOCOMOTIVE DE LA SANTÉ

Plus vous ressentirez les bienfaits de l'activité physique, plus vous voudrez améliorer votre mode de vie. Il en va ainsi avec les gens physiquement actifs : ils ont tendance à surveiller leur alimentation, leur niveau de stress et leur consommation d'alcool et de tabac. Par exemple, des études effectuées auprès d'adeptes du jogging et de la musculation ont révélé que 75 à 80 % de ceux qui fumaient au départ ont abandonné cette habitude en cours de route. En fait, le plus faible taux de fumeurs s'observe chez les individus, hommes et femmes, qui pratiquent des sports dans un cadre organisé (ligue de tennis, de badminton, de volley-ball, de ringuette, de hockey, etc.). Quant aux athlètes qui fument et prennent quelques bières après la rencontre sportive, ils constituent l'exception qui confirme la règle.

Nous avons vu que l'activité physique a un effet euphorisant. Ce qui est beaucoup moins connu, cependant, c'est l'**effet dissuasif** de la pratique régulière d'une activité physique sur la consommation de drogues. Cet effet s'explique de deux façons. D'une part, l'activité physique occupe les temps libres : or, pendant qu'on joue au badminton, qu'on soulève des haltères ou qu'on sue sur un simulateur d'escalier, on ne pense pas au crack ou à la coke. Il semblerait même, selon les données recueillies par l'Institut canadien de la recherche sur la condition physique et le mode de vie, que les régimes d'entraînement vigoureux freinent l'usage de drogues mieux que tout autre type de programme antidrogue. Qui voudrait tirer une ligne de coke après un entraînement intensif de deux heures qui l'aura mis, de toute façon, dans un état second ! D'autre part, l'activité physique décourage la consommation de drogues en améliorant l'estime de soi. Les toxicomanes ont généralement une image négative d'eux-mêmes et de leur environnement. En retrouvant une certaine fierté et en rehaussant son image corporelle, on peut être plus enclin à changer son comportement.

LE REVERS DE LA MÉDAILLE : LE SURENTRAÎNEMENT

Toute médaille a son revers. Dans le cas de l'activité physique, il faut éviter de sombrer dans l'excès. S'entraîner vigoureusement quatre à cinq heures par jour, sept jours sur sept, 365 jours par année, c'est abuser d'une bonne chose. Même si peu d'individus se livrent à ce genre d'abus, ceux qui le font s'exposent à des ennuis de santé. Lorsqu'il est surutilisé, le corps n'a pas le temps de récupérer, de réparer les fibres musculaires brisées ni de refaire le plein d'énergie. Alors, il se blesse de plus en plus souvent. Il finit aussi par souffrir d'anémie (l'abus de l'exercice diminue le taux de fer dans le sang), de fatigue générale et d'infections à répétition, en particulier au niveau des voies respiratoires (trop d'exercice affaiblit le système immunitaire). Par conséquent, allez-y mollo! Lorsque vous pratiquez des activités vigoureuses, accordez-vous des temps de repos. Par exemple, une ou deux journées par semaine sans exercice intense permettront à votre corps de refaire ses forces. Pour le reste, on peut être sans remords un accro de l'exercice, puisque ses bienfaits l'emportent haut la main sur ses inconvénients.

mon **degré de motivation** et mon niveau d'activité physique

BILAN

Vous connaissez maintenant les dangers d'une vie sédentaire pour la santé. Mais est-ce suffisant pour vous motiver à devenir physiquement actif si vous ne l'êtes pas ? Et si vous l'êtes, votre niveau d'activité physique est-il suffisant pour que vous en retiriez des bénéfices pour votre santé ? Les deux petits bilans suivants devraient vous aider à répondre à ces questions.

2

A) Mon degré de motivation

Indiquez, dans la colonne correspondante, si chacune des 15 assertions suivantes est pour vous vraie, partiellement vraie ou fausse.

Facteurs de motivation	Vrai	Partiellement vrai	Faux
1. L'exercice m'aide à mieux me sentir dans ma peau.	✓		
2. L'exercice m'aide à contrôler mon poids.		✓	
3. J'ai du plaisir à pratiquer une activité physique.		✓	
4. L'exercice améliore ma confiance en moi.		✓	
5. Je suis motivé(e) à faire de l'exercice sans qu'il soit nécessaire qu'on m'encourage ou me récompense.		✓	
6. Je suis habile dans les sports en général et j'apprends avec facilité.			✓
7. Je me sens plein d'énergie quand je suis physiquement actif.		✓	
8. J'ai accès, chez moi ou près de chez moi, à l'équipement voulu pour faire de l'exercice.	✓		
9. Je suis capable de me fixer des objectifs de mise en forme et de suivre mes progrès.			✓

Facteurs de motivation	Vrai	Partiellement vrai	Faux
10. J'ai des amis qui apprécient les mêmes activités physiques que moi.			✓
11. Mes proches m'encouragent à faire de l'exercice.		✓	
12. L'exercice me détend.		✓	
13. J'ai la ferme intention de demeurer le plus longtemps possible une personne physiquement active.	✓		
14. J'ai la détermination et la patience voulues pour maîtriser un exercice complexe.		✓	
15. Si je passe plusieurs jours sans faire d'exercice, je ressens une envie grandissante de me dépenser physiquement.			✓

B) Mon niveau d'activité physique

Pour savoir à présent quel effet a sur votre santé et sur votre condition physique la quantité d'exercice que vous faites chaque semaine, consultez le tableau ci-après. Cochez la case appropriée.

Quantité d'exercice par semaine	Niveau d'activité physique	Bénéfices pour la santé	Amélioration des déterminants de la condition physique (chap. 4)
1. Je fais *moins* de 30 minutes d'activité physique d'intensité faible*.	Très faible, mais au moins vous en faites un peu.	Plutôt faibles	Très faible
2. Je fais au moins 30 minutes d'activité physique d'intensité faible par jour.	Faible	Faibles à moyens	Aucune
3. Je fais tous les jours ou presque au moins 30 minutes d'activité physique modérée.	Moyen	Moyens	Moyenne

Quantité d'exercice par semaine	Niveau d'activité physique	Bénéfices pour la santé	Amélioration des déterminants de la condition physique (chap. 4)
☐ **4.** Je pratique 2 à 3 fois par semaine, à raison de 30 à 60 minutes, une activité physique d'intensité modérée à élevée.	Moyen à élevé	Moyens à élevés	Moyenne à élevée
☐ **5.** Je pratique 3 à 5 fois par semaine, à raison de 45 à 75 minutes, une activité physique d'intensité modérée à élevée.	Élevé	Élevés	Élevée
☐ **6.** Je pratique plus de 5 fois par semaine, à raison de 45 à 90 minutes, une activité physique d'intensité modérée à élevée.	Élevé à très élevé	Élevés, mais gare au surentraînement (chapitre 2, p. 66)	Élevée à très élevée

* *Vous trouverez dans le Bilan 1 une définition de l'intensité de l'exercice.*

Que signifient
mes choix ?

Au bilan A (seulement), accordez-vous 2 points chaque fois que vous avez coché « Vrai » et 1 point chaque fois que vous avez coché « Partiellement vrai ». Faites le total de vos points. Le résultat obtenu devrait vous donner une bonne idée de votre tendance « pantoufle » ou « chaussure de sport ».

Mon résultat	Mon degré de motivation
26-30	Très élevé
20-25	Élevé
15-19	Moyen
10-14	plutôt bas
9 et moins	Très bas

Au cœur de l'activité physique

CHAPITRE 3

Un muscle à trois vitesses : rapidité force endurance

D
Dans la deuxième partie de cet ouvrage, nous décrirons une approche sécuritaire, préventive et récréative de l'activité physique. Avant de sortir les chaussures de sport, toutefois, répondons d'abord à une question qui finit toujours par se poser lorsqu'on parle d'exercice : d'où vient l'énergie des muscles ? Cette information capitale est encore inconnue de beaucoup de gens, surtout parce que les traités savants écrits sur ce sujet par des physiologistes et des chimistes sont hélas incompréhensibles pour le commun des mortels. Nous essaierons de rendre nos explications aussi claires et concises que possible. Si, malgré tout, la lecture de ce chapitre vous rebute, passez au chapitre suivant. Vous pourrez toujours y revenir plus tard !

Aérobique ! Le mot est sur toutes les lèvres dès qu'on parle d'améliorer sa santé physique. Et pour cause, puisqu'un système musculaire bien développé et oxygéné est une assurance vie pour le cœur et une garantie pour la santé en général (chapitre 2). Toutefois, s'il vous arrivait de rencontrer un ours de mauvais poil, ce n'est pas votre performance aérobique qui vous sauvera, mais une petite molécule gorgée d'énergie appelée adénosine triphosphate, ou **ATP** (figure 3.1). La fibre musculaire utilise directement et instantanément l'énergie libérée par cette molécule pour se contracter. C'est donc grâce à l'ATP que vous pourrez détaler à toute vitesse.

La réserve d'ATP dont vos muscles disposent est cependant très limitée : deux ou trois secondes d'effort maximal et elle est à sec. Plutôt inquiétant, surtout si l'ours vous poursuit toujours ! Heureusement, l'organisme renouvelle sans cesse le réservoir d'ATP dans les cellules musculaires, de sorte que vous pouvez continuer à courir. En effet, le corps peut compter sur trois systèmes pour alimenter les muscles en ATP : le système ATP-CP, le système à glycogène et le système à oxygène. Les deux premiers sont

FIGURE **3.1**

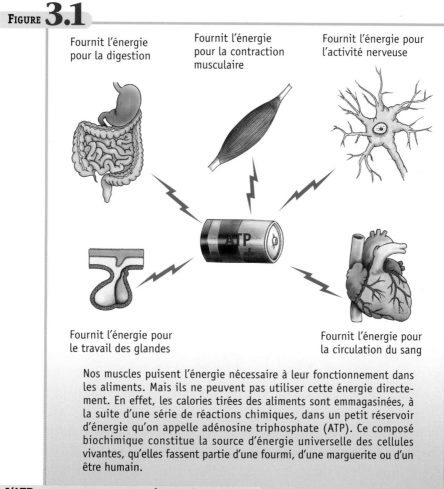

Fournit l'énergie pour la digestion

Fournit l'énergie pour la contraction musculaire

Fournit l'énergie pour l'activité nerveuse

Fournit l'énergie pour le travail des glandes

Fournit l'énergie pour la circulation du sang

Nos muscles puisent l'énergie nécessaire à leur fonctionnement dans les aliments. Mais ils ne peuvent pas utiliser cette énergie directement. En effet, les calories tirées des aliments sont emmagasinées, à la suite d'une série de réactions chimiques, dans un petit réservoir d'énergie qu'on appelle adénosine triphosphate (ATP). Ce composé biochimique constitue la source d'énergie universelle des cellules vivantes, qu'elles fassent partie d'une fourmi, d'une marguerite ou d'un être humain.

L'ATP : LA PILE QUI ALIMENTE L'ACTIVITÉ BIOLOGIQUE

anaérobies, c'est-à-dire qu'ils produisent l'ATP sans apport d'oxygène. Ils nous donnent la rapidité et la force. Le troisième, plus lent, renouvelle aussi l'ATP, mais il est **aérobie,** c'est-à-dire qu'il agit en présence d'oxygène. Il nous donne l'endurance dans l'effort. Ensemble, ces trois systèmes assurent le renouvellement de l'énergie nécessaire aux cellules, et ce 24 heures sur 24. Un muscle à trois vitesses quoi ! Nous verrons que la contribution relative de chacun de ces systèmes dépend toutefois de la durée et de l'intensité de l'effort fourni.

Le système ATP-CP : le 9-1-1 des muscles

Vif comme l'éclair, le système ATP-CP nous permet d'entrer en action à tout moment et avec force, s'il le faut. Courir pour attraper son autobus, sauter par-dessus une flaque d'eau, soulever une valise lourde, frapper une balle de golf, freiner brusquement et même écraser un moustique sont des exemples d'actions qui dépendent du système ATP-CP.

Ce « 9-1-1 musculaire » est toujours prêt à répondre aux appels d'urgence, non seulement grâce à sa réserve disponible d'ATP, mais aussi grâce à une autre molécule également riche en énergie : la **créatine phosphate** (CP). Comment cela se passe-t-il ? On a vu que l'ATP en réserve nous permet de soutenir un effort maximal, mais durant quelques secondes seulement. Aussitôt que le corps commence à puiser dans cette réserve, la créatine phosphate se met à fabriquer, à une vitesse phénoménale, de nouvelles molécules d'ATP.

On pourrait comparer la créatine phosphate à un accumulateur qui recharge la pile d'ATP au fur et à mesure que celle-ci se décharge. Comme le muscle contient trois à quatre fois plus de créatine phosphate que d'ATP, on peut soutenir un effort maximal trois à quatre fois plus longtemps à l'aide de la créatine phosphate qu'avec l'ATP, soit environ neuf à douze secondes au lieu de trois. Après ce laps de temps, l'accumulateur tombe lui-même à plat, les réserves de CP étant épuisées. C'est à ce moment que les muscles passent en deuxième vitesse. Toutefois, ce moment peut être retardé chez ceux qui consomment des suppléments de créatine dans le but d'augmenter les réserves intramusculaires de CP. Mais est-ce sain d'agir ainsi ? Pour le savoir, consultez l'annexe 1 (« Vingt rumeurs sur l'activité physique »).

Le système à glycogène : puissant mais polluant

En plus de la réserve d'urgence ATP-CP, chaque cellule musculaire contient une petite quantité de sucre, emmagasinée dans le muscle sous la forme de **glycogène**, une substance composée de molécules de glucose géantes. C'est ce réservoir de sucre que le système à glycogène utilise pour fabriquer, toujours sans apport d'oxygène, de nouvelles molécules d'ATP. La relève du système ATP-CP, épuisé, est ainsi assurée, ce qui va permettre à l'organisme de prolonger un effort intense pendant plus de 90 secondes. Hélas ! il y a un prix à payer pour cela : les cellules musculaires finiront par se noyer dans une mer d'**acide lactique**, lequel transforme un muscle fringant en un muscle tremblotant, douloureux, dépourvu d'énergie. Résultat : le muscle ne peut plus se contracter. À ce stade, si l'ours vous poursuit toujours, souhaitez ardemment qu'il ait une crampe ou qu'il croise une ruche pleine de miel !

La formation d'acide lactique s'explique par le fait que le muscle utilise du sucre en l'absence d'oxygène. C'est ce qu'on appelle la voie anaérobie avec production d'acide lactique, ou **système anaérobie lactique**. Par opposition, le système ATP-CP représente la voie anaérobie sans production d'acide lactique, ou **système anaérobie alactique**. Le manque d'oxygène résulte de la contraction vigoureuse des muscles pendant une assez longue période. Dans ces conditions, l'approvisionnement en glucose et en oxygène par le système cardiovasculaire devient insuffisant. Bref, chaque fois que vous faites un exercice intense durant plus d'une demi-minute, vos muscles produisent de plus en plus d'acide lactique. Grosse fatigue musculaire en vue !

Pour éliminer l'acide lactique, il n'y a qu'une solution : diminuer l'intensité de l'effort afin de desserrer cette espèce de garrot que forme le muscle fortement contracté. Le sang peut alors à nouveau circuler librement dans les muscles actifs et les approvisionner en oxygène frais. Au contact de l'oxygène, l'acide lactique se décompose en eau et en gaz carbonique, lesquels ne fatiguent pas les muscles. En fait, l'arrivée en trombe de cet oxygène frais dans les muscles a pour effet de les faire passer en troisième vitesse. C'est la vitesse de croisière.

Le système à oxygène : énergie illimitée

Nous avons vu que les deux premiers systèmes produisent très rapidement de grandes quantités d'ATP, sans l'aide d'oxygène (systèmes anaérobies). Cette superproductivité s'explique par le fait que la créatine phosphate et le glycogène sont déjà sur place, de même que les enzymes nécessaires à leur transformation en ATP. Il suffit d'une impulsion nerveuse pour les activer. En somme, la voie anaérobie se caractérise par des réactions biochimiques d'une rapidité sans pareil. Pour vous en faire une idée, imaginez la rapidité de réaction d'une puce informatique qui roulerait à 100 000 mégahertz, alors que celles qui équipent actuellement les ordinateurs domestiques sont encore sous les 1000 mégahertz.

Il en va autrement du système à oxygène, beaucoup plus lent que les deux autres. C'est qu'il repose sur un processus mécanique : le transport de l'oxygène depuis les poumons jusqu'à la cellule musculaire. Ce trajet de plus de 100 000 km explique pourquoi l'oxygène qu'on vient d'inhaler met de longues secondes avant d'atteindre le muscle actif. Ce délai inévitable dans l'approvisionnement du muscle en oxygène oblige les deux autres systèmes, à tout le moins le système ATP-CP, à entrer en action dès le début d'un effort physique, quel qu'il soit, ne serait-ce que se moucher ou se gratter le nez.

Cependant, lorsque l'oxygène arrive à flots dans les cellules musculaires, une production d'ATP pratiquement illimitée peut commencer. Il y a deux raisons à cela. Premièrement, la fabrication d'ATP en présence d'oxygène (la voie aérobie) ne produit presque pas d'acide lactique. Or, on a vu qu'une forte concentration de cet acide fatigue le muscle, ralentissant du même coup la production d'ATP. Deuxièmement, le sang qui circule librement dans le muscle lui apporte de façon continue de grandes quantités de sucre et de graisses. On a donc là tous les ingrédients voulus, soit de l'oxygène, du sucre et des graisses, pour produire de l'ATP pendant de longues minutes, sinon de longues heures. C'est ce qui se passe quand on fait un marathon, une longue randonnée en ski de fond ou une simple promenade à pied.

Accroître la production d'ATP par l'activité physique

Il est possible d'améliorer l'efficacité des trois systèmes de production d'énergie. Vous devez d'abord bien manger (chapitre 1) afin que vos cellules reçoivent tous les éléments nutritifs nécessaires à leur bon fonctionnement. Pour le reste, il suffit de vous maintenir physiquement actif (chapitre 6). Cela peut sembler contradictoire, mais il faut dépenser de l'énergie pour en avoir. En effet, lorsque vos muscles travaillent régulièrement, ils consomment beaucoup d'ATP, ce qui force les « usines » productrices d'énergie à améliorer leur rendement pour faire face à la demande. Comme on dit : la fonction crée l'organe.

Selon le type d'activité physique pratiquée, on peut développer en priorité l'un ou l'autre des systèmes, voire les trois en même temps (figure 3.2). Par exemple, en développant sa capacité de lever des charges de plus en plus lourdes, l'haltérophile améliore l'efficacité de son système ATP-CP. Le nageur qui participe aux 400 m accroît sa capacité de fournir des efforts intenses prolongés et, par le fait même, l'efficacité de son système à glycogène. Le marathonien qui court plus de 90 km par semaine augmente sa capacité de fournir des efforts de longue durée et améliore donc l'efficacité de son système à oxygène. Enfin, en combinant tous ces types d'effort, le triathlonien améliore simultanément le rendement des trois systèmes producteurs d'ATP. Rappelons que le triathlon est une épreuve d'endurance conjuguant cyclisme, natation et jogging, et faisant appel autant aux efforts intenses et brefs qu'aux efforts modérés et prolongés.

Nous verrons dans les prochains chapitres comment vous pouvez accroître votre production d'énergie musculaire par l'activité physique et, par le fait même, améliorer non seulement la capacité de travail de vos muscles et de votre cœur, mais aussi celle de tout votre corps.

Au cœur de l'activité physique

FIGURE **3.2**

VOIE ANAÉROBIE

Système ATP-CP
Énergie de démarrage
ou effort très intense de
moins de 10 secondes

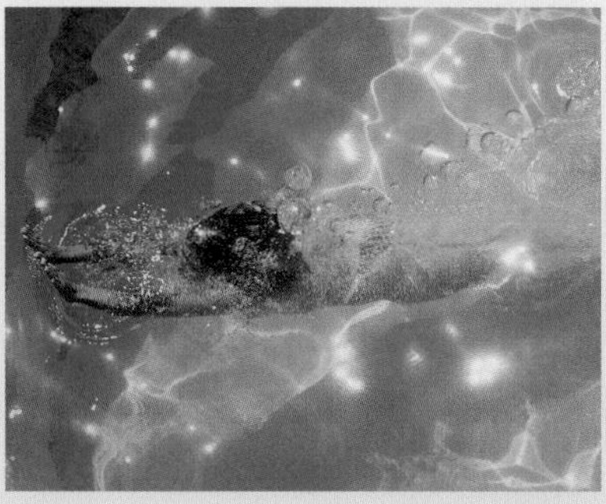

Système à glycogène
(production d'acide lactique)
Effort intense de moins de
90 secondes

VOIE AÉROBIE

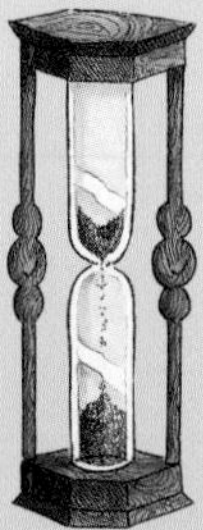

Système à oxygène
Effort léger ou modéré de plus de 2 minutes

LES TROIS SYSTÈMES DE PRODUCTION D'ATP EN ACTION

CHAPITRE 4

En forme ou pas : un bilan de votre condition physique

Le scénario est classique : deux individus du même âge, qui ne sont atteints d'aucune maladie particulière, montent une longue côte. Lorsque B atteint le sommet, frais et dispos, A est encore loin derrière et avance péniblement. De toute évidence, B est capable de produire beaucoup d'ATP sans épuiser son système cardiovasculaire ; il a du souffle, alors que A n'en a pas.

Et vous ? Ressemblez-vous à A ou à B ? Si vous êtes essoufflé après avoir monté un escalier, vous avez déjà une bonne idée de la réponse. Cependant, pour faire le bilan complet de votre **condition physique**, c'est-à-dire de votre capacité de vous adapter à l'effort physique en général, il faut aussi évaluer la force, l'endurance et la souplesse de vos muscles ainsi que mesurer vos réserves de graisse et leur distribution dans la masse corporelle. Ces facteurs constituent ce qu'on appelle les principaux **déterminants de la condition physique**. Certains auteurs ajoutent à cette liste la capacité de se relaxer et la posture (tableau 4.1). Comme nous avons traité de la relaxation aux chapitres 1 et 2, nous n'en reparlerons pas ici. Quant à la posture, elle fera l'objet du chapitre suivant. Rien ne vous empêche cependant d'y faire un saut maintenant, surtout si votre

4.1

TABLEAU

Les déterminants de la condition physique
Endurance cardiovasculaire
Force et endurance musculaires
Réserves de graisse et distribution dans la masse corporelle
Flexibilité
Posture
Capacité de se relaxer

dos vous cause des ennuis. Il sera toujours temps de revenir au présent chapitre pour faire l'évaluation de votre condition physique.

En effet, il s'agit bien ici d'évaluer, à l'aide de tests spécifiques, votre capacité de fournir des efforts exigeant tantôt du souffle, tantôt de la force, tantôt de la flexibilité. Que vous fassiez vous-même cette évaluation à la maison ou qu'elle soit conduite par un éducateur physique ou un kinésiologue, elle vous aidera à déterminer vos forces et vos faiblesses. Par exemple, les tests peuvent révéler que vous manquez d'endurance cardiovasculaire, de force et d'endurance musculaires, mais que vous êtes souple et sans aucun embonpoint. Ces résultats pourraient vous faire réfléchir avant de gravir la même pente raide que l'individu A de tantôt, question de ne pas vous lancer dans un exercice qui dépasserait vos capacités physiques. Ils pourraient aussi vous aider à choisir les activités susceptibles de combler vos lacunes (chapitre 7). Mais, surtout, le bilan de votre condition physique peut être révélateur de votre état de santé, comme on l'a déjà vu au chapitre 2.

Maintenant, mettez vos chaussures de sport, enfilez un short et un t-shirt : vous allez vous tester !

ÉVALUEZ VOTRE ENDURANCE CARDIOVASCULAIRE

L'**endurance cardiovasculaire** est la capacité de poursuivre pendant un certain temps un effort modéré sollicitant l'ensemble des muscles. Marcher, jogger, nager, sauter à la corde, faire du ski de fond ou du vélo sont des exemples d'efforts à grand déploiement musculaire. Si on les pratique à une intensité modérée pendant plusieurs minutes, ils deviennent des activités aérobiques modèles. Une bonne endurance cardiovasculaire vous donne non seulement du souffle mais aussi une protection accrue contre les maladies cardiovasculaires, le diabète de type II, l'hypertension et certains types de cancer (chapitre 2).

La quantité maximale d'oxygène que le corps peut absorber, transporter et utiliser lors d'un exercice intense constitue l'indice par excellence de l'endurance cardiovasculaire d'un individu. La mesure directe de cet indice, soit la **consommation maximale d'oxygène** (CMO_2), est la méthode la plus précise pour évaluer ce déterminant de la condition physique (figure 4.1). Toutefois, cette méthode exige beaucoup de temps, un équipement coûteux, la présence de plus d'un évaluateur et un effort physique très intense excluant au départ tout individu dont la santé cardiaque est douteuse. En fait, ces tests servent surtout à évaluer des athlètes professionnels ou des sujets en bonne santé qui participent à une recherche scientifique.

FIGURE **4.1**

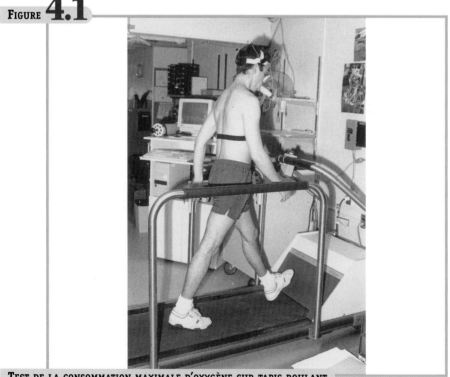

TEST DE LA CONSOMMATION MAXIMALE D'OXYGÈNE SUR TAPIS ROULANT

Heureusement, il existe des tests simples, rapides et économiques qui permettent d'estimer, avec un degré de précision acceptable, la consommation maximale d'oxygène d'un individu. Ces tests peuvent se faire en marchant, en courant, en nageant, en pédalant, voire en montant et descendant une marche. En voici trois qui sont reconnus pour avoir une bonne corrélation avec la mesure directe de la CMO^2 : le test de 12 minutes de Cooper, le test de 1,6 km en marchant et le test de la marche de 3 minutes (*step-test*).

Si vous pouvez courir : le test de 12 minutes de Cooper

Le test de 12 minutes se fait à l'aide d'un chronomètre et sur un parcours plat dont vous connaissez la longueur en mètres : piste d'athlétisme, périmètre d'un gymnase, terrain de football ou tout autre circuit dont vous aurez préalablement mesuré la longueur. Il consiste à calculer la distance parcourue en joggant (ou en marchant si vous ne pouvez jogger tout le long du parcours) pendant 12 minutes. Afin que votre test se déroule en toute sécurité, prenez les précautions suivantes :

- assurez-vous que votre état de santé vous autorise à passer ce test ainsi que les deux autres (*Zoom,* page 86) ;
- attendez au moins 75 minutes après un repas et buvez deux verres d'eau 15 minutes avant de commencer (chapitre 9) ;
- faites un exercice d'échauffement de quelques minutes ;
- évitez les départs trop rapides ou trop lents et essayez de maintenir une vitesse constante ;
- si la course devient pénible, marchez un peu, puis reprenez-la ;
- arrêtez-vous si vous vous sentez étourdi ou très essoufflé, ou si vous ressentez un malaise inhabituel ;
- après le test, marchez une minute ou deux pour faciliter le retour du sang vers le cœur et l'élimination de l'acide lactique des muscles.

ZOOM

ÊTES-VOUS APTE À PASSER UN TEST D'ENDURANCE CARDIOVASCULAIRE ?

Le questionnaire sur l'aptitude à l'activité physique (Q-AAP) a été conçu pour déceler le petit nombre d'individus pour lesquels la pratique d'une activité physique sans supervision médicale n'est peut-être pas appropriée ou ceux qui devraient consulter un médecin pour l'élaboration de leur programme d'activité physique. Si vous répondez oui à une ou plusieurs des questions, vous devriez consulter un médecin avant d'effectuer un test d'effort ou d'entreprendre un programme d'exercice.

Répondez consciencieusement aux sept questions qui suivent en cochant la case appropriée.

Oui   Non

☐ ☐ 1. Votre médecin vous a-t-il déjà dit que vous aviez des troubles cardiaques et que vous ne devriez suivre un programme d'exercice que s'il est approuvé par un médecin ?

☐ ☐ 2. L'activité physique provoque-t-elle chez vous l'apparition de douleurs à la poitrine ?

☐ ☐ 3. Avez-vous ressenti durant le mois dernier des douleurs à la poitrine alors que vous ne faisiez aucune activité physique ?

☐ ☐ 4. Vous arrive-t-il de perdre connaissance ou de perdre l'équilibre à la suite d'un étourdissement ?

☐ ☐ 5. Souffrez-vous de troubles osseux ou articulaires qui pourraient être aggravés par l'exercice ?

☐ ☐ 6. Prenez-vous présentement des médicaments pour votre pression artérielle ou pour un problème cardiaque ?

☐ ☐ 7. Selon vous, existe-t-il une autre raison qui vous empêcherait de faire de l'exercice ? _____

Si vous êtes en mauvaise condition physique ou que des raisons médicales (un problème de genou, par exemple) vous empêchent de courir ou de marcher rapidement, faites à la place le test du pouls au repos (page 104).

Une fois le test terminé, consultez le tableau 4.2 pour déterminer votre niveau d'endurance cardiovasculaire en fonction de la distance parcourue.

4.2

TABLEAU

Résultats du test de 12 minutes de Cooper			
HOMMES			
Endurance cardiovasculaire	moins de 30 ans	de 30 à 39 ans	de 40 à 49 ans
Très élevée ☐	2800 m et plus	2 650 m et plus	2 500 m et plus
Élevée ☐	de 2 400 à 2 799 m	de 2 250 à 2 649 m	de 2 100 à 2 499 m
Moyenne ☐	de 2 000 à 2 399 m	de 1 800 à 2 249 m	de 1 670 à 2 099 m
Faible ☐	de 1 600 à 1999 m	de 1 500 à 1799 m	de 1 360 à 1669 m
Très faible ☐	1599 m et moins	1499 m et moins	1 359 m et moins
FEMMES			
Très élevée ☐	2 500 m et plus	2 250 m et plus	2 150 m et plus
Élevée ☐	de 2 170 à 2 499 m	de 2 000 à 2 249 m	de 1 850 à 2 149 m
Moyenne ☐	de 1 850 à 2 169 m	de 1 680 à 1 999 m	de 1 500 à 1 849 m
Faible ☐	de 1 530 à 1849 m	de 1 360 à 1 679 m	de 1 200 à 1499 m
Très faible ☐	1529 m et moins	1 359 m et moins	1 199 m et moins

Si vous ne pouvez pas courir : le test du 1,6 km en marchant

Le test du 1,6 km se fait uniquement en marchant. Il est donc moins intense et moins exigeant pour les articulations des membres inférieurs que le test de 12 minutes. Il s'agit de chronométrer le temps qu'on met à marcher 1,6 km. Servez-vous de l'odomètre d'une auto ou d'un vélo pour mesurer un parcours plat de 1,6 km. Vous pouvez aussi faire le test sur un piste d'athlétisme de 400 m ou de 440 verges. Dans les deux cas, vous marcherez 4 tours de piste. Avant le départ, échauffez-vous 5 minutes en étirant vos muscles et en faisant un peu de marche sur place, genoux élevés. Dès que vous êtes prêt, chronométrez-vous en marchant aussi rapidement que vous le pouvez. Si vous ressentez un essoufflement précoce ou une douleur inhabituelle, arrêtez-vous. Quand vous avez terminé le parcours, marchez lentement durant deux à trois minutes. Consultez à présent le tableau 4.3 afin de connaître votre endurance cardiovasculaire et votre capacité à faire de longues randonnées.

4.3 TABLEAU

Résultats du test du 1,6 km			
HOMMES			
Endurance cardiovasculaire	moins de 30 ans	de 30 à 39 ans	de 40 à 49 ans
Très élevée ☐	< 11:39*	< 12:40	< 13:40
Élevée ☐	11:39-12:59	12:40-14:00	13:40-14:40
Moyenne ☐	13:00-14:21	14:01-15:20	14:41-15:55
Faible ☐	14:22-15:43	15:21-16:15	15:56-16:45
Très faible ☐	> 15:43	> 16:15	> 16:45
FEMMES			
Très élevée ☐	< 12:34	< 13:30	< 14:30
Élevée ☐	12:34-13:40	13:30-14:40	14:30-15:40
Moyenne ☐	13:41-14:45	14:41-15:45	15:41-16:45
Faible ☐	14:46-16:00	15:46-17:00	16:46-18:00
Très faible ☐	> 16:00	> 17:00	> 18:00

* *Temps en minutes et secondes.*

Si vous manquez de temps : le *step-test* de 3 minutes

Le *step-test* de 3 minutes de Tecumseh est un des plus pratiques qui soient (figure 4.2). Pour le faire, vous n'avez besoin que d'une marche de 20,3 cm (8 pouces), ce qui correspond à la hauteur de la plupart des marches qu'on trouve dans les maisons et les appartements. De plus, c'est un test d'intensité modérée qui est pratiquement à la portée de tout le monde. Le *step-test* de Tecumseh peut être exécuté seul, mais il est préférable d'être deux. Une fois que vous avez trouvé une marche de la bonne hauteur, vous êtes prêt à passer à l'action. Le test consiste à monter et à descendre la marche deux fois en 5 secondes pendant 3 minutes (figure 4.2a). Votre partenaire peut vous aider à respecter la bonne cadence en vous disant, à voix haute : monte-monte (photos 1 et 2), descend-descend (photos 3 et 4). Si vous avez un métronome, réglez-le à 96 coups à la minute, ce sera encore plus précis. À la fin des 3 minutes, restez debout et prenez

FIGURE **4.2a**

L'exercice s'effectue de la manière suivante :

1. Montez la marche en y posant un pied (droit ou gauche).

2. Puis posez l'autre pied sur la marche.

3. Descendez la marche en posant un pied au sol.

4. Puis posez l'autre pied au sol. Répétez ces quatre mouvements pendant 3 minutes, en suivant la bonne cadence.

votre pouls (figure 4.2b) 30 secondes plus tard pendant 30 secondes. Le nombre de battements cardiaques enregistré pendant ce laps de temps constitue votre résultat. Consultez à présent le tableau 4.4 pour connaître votre forme cardiovasculaire.

FIGURE **4.2b**

5. Prenez votre pouls à l'artère radiale, sur le poignet du côté du pouce, ou à l'artère carotide, sur le cou.

LE *STEP-TEST*

4.4

TABLEAU

Résultats du *step-test* de 3 minutes			
HOMMES			
Endurance cardiovasculaire	moins de 30 ans	de 30 à 39 ans	de 40 à 49 ans
Très élevée ☐	40 et moins*	41 et moins	42 et moins
Élevée ☐	41 à 42	42 à 43	43 à 44
Moyenne ☐	43 à 47	44 à 47	45 à 49
Faible ☐	48 à 51	48 à 51	50 à 53
Très faible ☐	52 et plus	52 et plus	54 et plus
FEMMES			
Très élevée ☐	44 et moins*	45 et moins	45 et moins
Élevée ☐	45 à 46	46 à 47	46 à 47
Moyenne ☐	47 à 52	48 à 53	48 à 54
Faible ☐	53 à 56	54 à 56	55 à 57
Très faible ☐	57 et plus	57 et plus	58 et plus

* Pouls de 30 secondes pris 30 secondes après la fin de l'exercice.

ÉVALUEZ VOTRE VIGUEUR MUSCULAIRE

Pour être vigoureux, un muscle doit être à la fois fort et endurant. Un **muscle** est **fort** quand il développe une forte tension lors d'une contraction. Soulever une valise très lourde ou déplacer un réfrigérateur font appel à la force musculaire. Un **muscle** est **endurant** lorsqu'il peut répéter ou maintenir un certain temps une contraction modérée. Exécuter plusieurs demi-redressements du tronc ou laver les vitres de l'auto font appel à l'endurance musculaire.

L'amélioration de sa force et de son endurance musculaires est payante : vigueur accrue dans les activités de tous les jours (monter un escalier, transporter des colis, bricoler, déplacer un meuble, etc.); amélioration de la posture et de l'équilibre (chapitre 5); hausse du métabolisme de base et, par conséquent, de la dépense énergétique quotidienne; renforcement des os et diminution des risques de blessures; soutien accru des viscères par des muscles abdominaux plus fermes; diminution des maux de dos grâce à un meilleur équilibre entre les muscles fixés au bassin et ceux fixés à la colonne vertébrale.

Force musculaire

Si vous avez accès à une salle de musculation, vous pouvez mesurer votre force en soulevant des charges à l'aide d'haltères ou d'appareils de musculation. Cette mesure peut être prise directement en trouvant la charge la plus lourde que vous pouvez soulever une seule fois. C'est le **test 1 RM**, ce qui signifie « une répétition au maximum ». Cette épreuve vous oblige, à chaque tentative, à exécuter une contraction maximale. Si vos muscles sont rouillés, ou insuffisamment échauffés, ou si vous ne soulevez pas correctement la charge, vous pouvez vous blesser. Ce n'est donc pas un test pour tout le monde, sans compter qu'il exige beaucoup de temps. Pour ces raisons, on préfère recourir à la mesure de la force de préhension à l'aide d'un dynamomètre, un test simple et rapide qui constitue généralement un bon indicateur de la force globale d'un individu.

Test à l'aide d'un dynamomètre. Vous avez besoin bien sûr d'un dynamomètre, que vous pouvez vous procurer à prix raisonnable dans un magasin d'appareils de conditionnement physique. Ajustez d'abord la prise du dynamomètre de telle sorte que les phalanges moyennes (les os au milieu des doigts) de votre main dominante (main droite pour un droitier) reposent sur l'extrémité mobile de la poignée du dynamomètre. Placez le coude à un angle de 90°, à environ 5 cm du corps. Quand vous êtes prêt, serrez la poignée de toutes vos forces (figure 4.3). Pendant l'effort, aucune autre partie du corps ne doit bouger. Faites trois essais et notez chaque fois la tension enregistrée sur le cadran. En considérant le meilleur résultat obtenu, trouvez votre niveau de force musculaire à l'aide du tableau 4.5.

Endurance musculaire

Pour évaluer ce déterminant de la condition physique, il est nécessaire de fournir un effort répétitif, modéré et prolongé, ce que permettent de faire le test de demi-redressements du tronc et le test des pompes.

FIGURE **4.3**

ÉVALUATION DE LA FORCE MUSCULAIRE À L'AIDE D'UN DYNAMOMÈTRE

TABLEAU

4.5

| Résultats du test de force musculaire
 (en fonction du meilleur résultat obtenu)* | | |

Hommes	Femmes	Force musculaire	
70 kg et plus	45 kg et plus	Très élevée	☐
60 à 69 kg	39 à 44 kg	Élevée	☐
50 à 59 kg	32 à 38 kg	Moyenne	☐
43 à 49 kg	23 à 31 kg	Faible	☐
42 kg et moins	22 kg et moins	Très faible	☐

* Après l'âge de 30 ans, réduisez ces données d'environ 5% par décennie afin de tenir compte de la perte de masse musculaire due au vieillissement.

Test des demi-redressements. Ce n'est pas sans raison que ce test sollicite les muscles abdominaux plutôt qu'un autre groupe musculaire. En effet, si l'endurance musculaire est importante, celle des abdominaux l'est particulièrement. Plusieurs y voient une raison esthétique : des abdominaux fermes font un ventre plus plat ! C'est exact, mais le rôle de ces muscles est d'abord d'agir comme une *sangle naturelle* qui stabilise la posture, fixe le bassin et soutient les viscères. Des abdominaux faibles favorisent l'apparition de douleurs dans le bas du dos et une descente des viscères, elle-même associée à la constipation et aux hernies abdominales. Les garder en forme n'est donc pas superflu.

On trouve dans la littérature scientifique plusieurs tests de demi-redressements assis. Certains exigent du matériel (tapis, métronome, ruban adhésif, etc.), une mise en scène élaborée et le concours d'un partenaire. D'autres ne requièrent pratiquement pas de matériel et peuvent se faire seul à la maison avec un minimum de préparation. Le test des demi-redressements pieds non retenus avec comme point de repère le *décollement complet des omoplates du sol* est un de ceux-là. Allongez-vous sur le dos, les bras le long du corps et les genoux légèrement fléchis afin de plaquer le bas du dos au sol (figure 4.4). Pointez le menton vers la poitrine et redressez le tronc en décollant complètement les omoplates (expirez pendant

FIGURE **4.4**

Position de départ

Exécution du test

TEST DES DEMI-REDRESSEMENTS POUR ÉVALUER L'ENDURANCE MUSCULAIRE

cette phase de l'exercice), puis revenez au sol. Faites le maximum de répétitions pendant 60 secondes. Vous pouvez ralentir la cadence ou vous arrêter quelques secondes ; c'est une évaluation, pas une compétition. Lorsque vous n'arrivez plus à décoller complètement les omoplates du sol, le test est terminé. Consultez alors le tableau 4.6 pour connaître votre niveau d'endurance.

4.6

TABLEAU

Résultats du test des demi-redressements*			
Hommes	**Femmes**	**Endurance musculaire**	
75 et plus	65 et plus	Très élevée	☐
55-74	50-64	Élevée	☐
40-54	35-49	Moyenne	☐
25-39	20-34	Faible	☐
24 et moins	19 et moins	Très faible	☐

* Après l'âge de 30 ans, réduisez ces données de 10 % par décennie afin de tenir compte de la perte de masse musculaire due au vieillissement.

Test des pompes. Il est utile, également, d'évaluer l'endurance des triceps. En effet, ces muscles jouent un rôle de premier plan dans plusieurs activités physiques et tâches de la vie courante : déplacer un meuble en le poussant, passer l'aspirateur, abaisser une fenêtre, racler la terre, frotter le plancher, râper des légumes ou du fromage, cirer l'auto, soulever un objet ou prendre un poupon à bout de bras, ranger des objets sur des tablettes élevées, gravir une côte en ski de fond en poussant sur ses bâtons, faire des smashs au tennis ou au volley-ball, exécuter en gymnastique une routine aux barres parallèles ou un saut au cheval sautoir, etc. Un des meilleurs tests qui soient pour évaluer l'endurance des triceps demeure le test des pompes.

Ce test ne requiert pas de matériel et peut se faire à la maison. Il consiste à exécuter des pompes pendant une minute. Selon votre vigueur musculaire actuelle, vous pouvez exécuter les pompes en appui soit sur les mains et les pieds (position habituelle), soit sur les mains et les genoux (position modifiée). Cette dernière position ménage votre dos et vous permet de faire le test le dos droit et non pas le dos creux, comme cela se produit fréquemment avec l'appui sur le bout des pieds. À vous de choisir la position qui vous convient le mieux (figure 4.5). Lorsque vous n'arrivez plus à exécuter le mouvement correctement, arrêtez-vous, même si la minute n'est pas complétée. Consultez ensuite le tableau 4.7 pour connaître votre endurance.

4.7

TABLEAU

Résultats du test des pompes*		
Hommes (position habituelle)	**Femmes (position modifiée)**	**Endurance musculaire**
64 et plus	54 et plus	Très élevée ☐
51-63	44-53	Élevée ☐
37-50	32-43	Moyenne ☐
23-36	20-31	Faible ☐
22 et moins	19 et moins	Très faible ☐

* Après l'âge de 30 ans, réduisez ces données de 10 % par décennie afin de tenir compte de la perte de masse musculaire due au vieillissement.

FIGURE **4.5**

Pompes exécutées dans la position habituelle : en appui sur les mains (distantes de la largeur des épaules) et sur les pieds, exécutez pendant une minute des flexions-extensions des bras. En tout temps, maintenez le dos droit et respirez normalement.

Pompes exécutées dans la position modifiée : même chose que dans la position habituelle, sauf que l'on prend appui sur les genoux.

LE TEST DES POMPES

ÉVALUEZ VOS RÉSERVES DE GRAISSE ET LEUR DISTRIBUTION

On peut estimer les réserves de graisse en calculant le pourcentage de graisse dans la masse corporelle. Plus ce pourcentage est élevé, plus nous sommes gras et plus notre santé risque d'en souffrir (chapitre 1). Cependant, il est tout aussi important de considérer la distribution des réserves de graisse. On sait que le **gras abdominal** est associé à un risque accru de maladie (chapitre 2) tandis que le gras logé dans les cuisses et les fesses est beaucoup moins nocif. Voilà pourquoi nous proposons ici deux tests pour ce déterminant de votre condition physique.

Test d'estimation du pourcentage de graisse

Rigueur scientifique oblige, les chercheurs déterminent le pourcentage de graisse à l'aide de méthodes sophistiquées comme la pesée hydrostatique, la tomographie et les cabines à ultrasons ou à infrarouges. Ces procédés ne sont guère accessibles au commun des mortels. Cependant, on peut connaître avec un degré de précision acceptable son pourcentage de graisse en mesurant l'épaisseur des plis cutanés à l'aide d'un **adiposomètre.** Cette méthode nous renseigne sur la quantité de graisse logée sous la peau. Plus le nombre de plis mesurés est grand, plus on s'approche de la précision des tests utilisés par les scientifiques. Mais si le temps nous manque, la méthode à trois plis est suffisante pour savoir si, grosso modo, on est maigre, ni maigre ni gras, gras ou très gras.

Les plis cutanés doivent être mesurés par une autre personne, à l'aide d'un adiposomètre. Comme le dynamomètre, on peut se procurer l'adiposomètre à un prix raisonnable dans un magasin spécialisé. Si elle n'est pas familiarisée avec cet instrument, la personne qui effectue les mesures devrait d'abord s'exercer à le manipuler, faute de quoi les résultats risquent d'être faussés. On mesure habituellement les trois plis sur le côté droit du corps. Comme la distribution de la graisse varie selon le sexe, on ne prend pas les mesures aux mêmes endroits chez les femmes et les hommes (figure 4.6).

FIGURE **4.6**

CHEZ LA FEMME

Pli au triceps

Pli au-dessus
de l'os iliaque

CHEZ LES DEUX

CHEZ L'HOMME

Pli à mi-cuisse

Pli à la poitrine

Pli à l'abdomen

MESURE DE L'ÉPAISSEUR DES PLIS CUTANÉS

Une fois les trois mesures obtenues, additionnez-les et consultez le tableau 4.8 pour connaître votre pourcentage de graisse et sa signification. S'il est supérieur à 20 %, vos réserves de graisse ont un certain volume ! S'il est inférieur à 5 %, vous êtes peut-être un marathonien ou un culturiste à temps plein ! À moins que ce ne soit un signe d'**anorexie**, ce besoin obsessionnel d'être maigre. Si c'est le cas, il faut vite consulter un médecin ; vous avez besoin d'aide.

TABLEAU 4.8

Résultats du test d'estimation du pourcentage de graisse		
HOMMES		
Total des trois plis (en millimètres)	**Pourcentage de graisse***	**Vous êtes...**
42 et moins	12 % et moins	maigre
42 à 56	12,1 % à 16 %	dans la moyenne, ni maigre, ni gras
57 à 88	16,1 % à 25 %	gras
89 et plus	25,1 % et plus	très gras (vous souffrez d'obésité)
FEMMES		
Total des trois plis (en millimètres)	**Pourcentage de graisse***	**Vous êtes...**
37 et moins	15 % et moins	maigre
38 à 55	15,1 à 22,2 %	dans la moyenne, ni maigre, ni grasse
56 à 82	22,1 à 30 %	grasse
83 et plus	30,1 % et plus	très grasse (vous souffrez d'obésité)

* *Si vous avez plus de 30 ans, ajoutez 1,5 % par décennie.*

Test d'évaluation de la graisse abdominale

Une fois que l'on connaît ses réserves de graisse, il reste à vérifier si une partie importante de ces réserves se trouve au niveau de l'abdomen. Pour ce faire, il suffit de calculer le ratio entre la circonférence de la taille et celle des hanches, qu'on obtient en divisant le tour de taille par le tour de hanches. À l'aide d'un ruban gradué en centimètres, mesurez d'abord votre tour de taille, puis mesurez votre tour de hanches en posant le ruban sur la partie la plus proéminente des fesses (figure 4.7). Divisez ensuite la mesure de votre taille par celle de vos hanches pour déterminer votre **ratio taille/hanches.** Par

FIGURE **4.7**

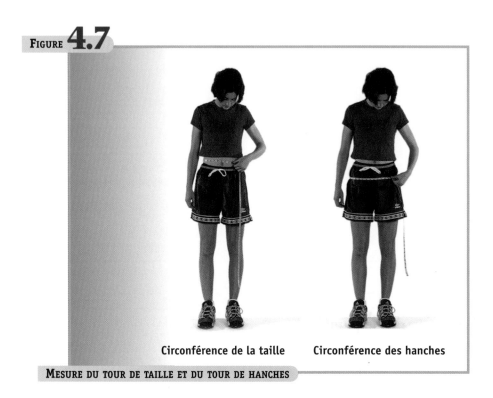

Circonférence de la taille   Circonférence des hanches

MESURE DU TOUR DE TAILLE ET DU TOUR DE HANCHES

exemple, si votre tour de taille est de 83 cm et votre tour de hanches de 97 cm, votre ratio sera de 0,85 (83 divisé par 97). Vous pouvez maintenant consulter le tableau 4.9 pour connaître le risque de maladie associé à ce ratio. Les recherches ont démontré que celui-ci est plus utile pour prédire le risque de maladies coronariennes et de diabète de type II et même le taux de mortalité par tranche d'âge que ne le sont la masse corporelle, l'indice de masse corporelle (annexe 2) et le pourcentage de graisse.

4.9

TABLEAU

Ratio taille/hanches et risque de maladie		
Hommes	**Femmes**	**Risque de maladie**
Plus grand que 1,0	Plus grand que 0,85	Élevé à très élevé
Entre 0,90 et 1,0	Entre 0,80 et 0,85	Modérément élevé
Plus petit que 0,90	Plus petit que 0,80	Faible

ÉVALUEZ VOTRE FLEXIBILITÉ

La **flexibilité** est la capacité de faire bouger une articulation dans toute son amplitude sans ressentir de raideur ni de douleur. Les muscles et leur enveloppe, le fascia, comptent pour 50 % dans la flexibilité articulaire, d'où l'importance de les étirer régulièrement. Une bonne flexibilité assure une grande liberté de mouvement, aide à prévenir les douleurs dans le bas du dos (chapitre 5) et diminue le risque de blessures, parce qu'un muscle souple réagit mieux en cas d'étirement brusque.

En principe, on devrait évaluer la flexibilité à toutes les articulations, mais cela ferait beaucoup de tests à effectuer. De plus, les meilleurs tests de flexibilité mesurent directement à l'aide d'un **goniomètre** l'amplitude de l'angle formé par l'articulation, ou amplitude angulaire. Or, ces tests sont plutôt complexes et nécessitent la présence d'un évaluateur qualifié. Nous vous suggérons plutôt deux tests maison qui vous donneront tout de même un aperçu de votre flexibilité. Le premier sert à évaluer la flexibilité des épaules, le second celle des ischio-jambiers et du bas du dos. Le degré de souplesse des épaules est un bon indicateur de la liberté de mouvement du haut du corps, alors qu'un manque de souplesse des masses musculaires inférieures est souvent associé aux maux de dos. Pour améliorer la souplesse de vos épaules, vous pourrez par exemple répéter le mouvement du premier test, en maintenant la position d'étirement pendant 25 à 30 secondes. Pour les ischio-jambiers et les dorsaux lombaires, vous pourrez pratiquer les exercices proposés au chapitre 5 (page 111).

Remarquez que les individus de grande taille sont légèrement avantagés dans ce genre de test étant donné qu'on mesure la distance entre deux segments corporels, par exemple la distance entre les doigts et les orteils dans le deuxième test. Toutefois, rappelez-vous que cette évaluation sert avant tout à comparer votre condition physique avant et après un programme d'activité physique. C'est le progrès réalisé qui compte.

Soyez prudent lors des tests de flexibilité, car ceux-ci se font généralement sans échauffement préalable de la zone musculaire évaluée. C'est en effet la souplesse «à froid» que vous voulez tester, celle sur laquelle vous comptez lorsque vous faites une mauvaise chute ou un mouvement brusque. Pendant le test, vous devez étirer vos muscles *lentement, sans à-coup,* tout en expirant. Dès que vous ressentez une légère brûlure (pas une douleur) dans la zone étirée, arrêtez le mouvement, puisque c'est le signe que vos muscles ont atteint leur limite d'étirement, au-delà de laquelle vous risqueriez une blessure.

Test de souplesse des épaules

Pour ce test, vous avez besoin d'un bâton (manche à balai). Couchez-vous à plat ventre, le menton appuyé contre le sol, les bras tendus devant vous dans le prolongement des épaules, les mains écartées à la largeur des épaules. Prenez le bâton et, *sans fléchir les poignets ni les coudes ni décoller le menton du sol,* levez-le le plus haut possible (figure 4.8). Un partenaire peut vous dire à quelle hauteur vous avez levé le bâton. Consultez ensuite le tableau 4.10 pour connaître la signification de votre résultat.

Figure 4.8

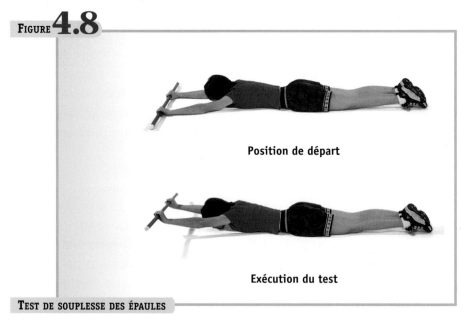

Position de départ

Exécution du test

TEST DE SOUPLESSE DES ÉPAULES

4.10

TABLEAU

Résultats du test de souplesse des épaules		
Position atteinte	**Niveau de souplesse**	
Bâton levé nettement plus haut que la tête.	Élevé	☐
Bâton levé au niveau de la tête.	Moyen	☐
Bâton qui décolle à peine du sol.	Faible	☐

Test de souplesse des ischio-jambiers et du bas du dos

Asseyez-vous, jambes tendues, les pieds appuyés contre un mur (ou un meuble) et espacés de 25 à 30 cm. Penchez le tronc lentement vers l'avant sans plier les genoux (figure 4.9). Si vous ne pouvez pas atteindre le mur avec le bout des doigts, vos mollets et vos ischio-jambiers (arrière des cuisses) sont raides. Si vous touchez le mur avec le bout des doigts ou, mieux, avec les poings, bravo, vous êtes assez souple (tableau 4.11).

FIGURE 4.9

TEST DE SOUPLESSE DES ISCHIO-JAMBIERS ET DU BAS DU DOS

4.11

TABLEAU

Résultats du test de souplesse des ischio-jambiers et du bas du dos		
Position atteinte	**Niveau de souplesse**	
Les poings touchent le mur.	Élevé	☐
Le bout des doigts touche le mur.	Moyen	☐
Le bout des doigts ne touche pas le mur.	Faible	☐

ÉVALUATION-MINUTE POUR GENS PRESSÉS

Vous ne pouvez pas courir ? Vous n'avez pas de dynamomètre ni d'adiposomètre ? Vous manquez affreusement de temps ? L'évaluation-minute qui suit vous donnera, sans prétention scientifique, une idée de l'endurance de votre cœur, de votre force musculaire et de vos réserves de graisse, trois facteurs clés de votre condition physique.

Test du pouls au repos

Lorsqu'on est en forme, le pouls au repos est lent. Ainsi, chez les cyclistes et les coureurs de fond bien entraînés, le pouls moyen au repos est d'environ 40 battements par minute. Le pouls des individus sédentaires est plus rapide au repos. Pour avoir une idée de votre forme cardiovasculaire, prenez votre pouls debout, le matin dès votre réveil, puis consultez le tableau 4.12.

Test du pèse-personne

Pour vérifier le gain de force obtenu après avoir suivi un programme de musculation ou pratiqué une activité physique qui sollicite la

4.12

Pouls au repos et forme cardiovasculaire*		
Hommes	Femmes	Condition cardiovasculaire probable
55 et moins	60 et moins	Très élevée ☐
56-65	61-70	Élevée ☐
66-75	71-80	Moyenne ☐
76-85	81-90	Faible ☐
86 et plus	91 et plus	Très faible ☐

* Notez que ces résultats ne tiennent pas compte de l'âge. Or, en vieillissant, le cœur bat un peu plus vite au repos. La bonne nouvelle, c'est que l'exercice permet de ralentir considérablement ce processus.

force musculaire, faites le test du pèse-personne. Agrippez l'appareil par les côtés, amenez-le à la hauteur du visage, bras allongés. Puis, pressez le plus fort possible sur la plate-forme tout en expirant lentement. Prenez note du nombre affiché et refaites le test à tous les mois.

Test de la pincée et du tour de taille

Le test de la pincée vous donnera une certaine idée de vos réserves de graisse. À l'aide d'une règle graduée en centimètres, mesurez l'épaisseur d'une pincée de peau prise à chacun des endroits suivants : sur le milieu avant de la cuisse, à côté du nombril et au-dessus de la hanche. Si l'épaisseur de chacun des plis est inférieure à 2,5 cm, votre masse grasse est relativement modeste. Par contre, si au moins un des plis est plus épais que 2,5 cm, vous avez un surplus de graisse. Chaque 0,5 cm additionnel équivaut approximativement à un excédent de graisse de 2 kg. Une pincée de plus de 7 cm est un signe d'obésité. Si en plus votre tour de taille dépasse 1 m (100 cm), votre risque d'être atteint d'une maladie cardiovasculaire ou du diabète de type II est sérieusement augmenté !

BILAN

ma condition physique

3

Maintenant que vous avez évalué les différents déterminants de votre condition physique, nous vous proposons un tableau synthèse qui devrait vous permettre de cerner rapidement vos points forts et vos faiblesses. Vous n'avez qu'à cocher dans les cases appropriées.

Ma condition physique

Déterminants	Points forts	Points faibles
Endurance cardiovasculaire		
Force musculaire		
Endurance musculaire des abdominaux		
Endurance musculaire des triceps		
Flexibilité des épaules		
Flexibilité des ischio-jambiers		
Réserves de graisse		
Distribution de la graisse		

CHAPITRE 5

La posture, ou pourquoi le dos se plaint

P osture. Le mot lui-même semble chargé d'impératifs : « Tirez les épaules, rentrez le ventre, serrez les fesses, gardez la tête droite ! » Appliquées à la lettre, ces recommandations nous feraient marcher comme des militaires en parade. Or, une bonne posture n'implique

pas que l'on soit aussi raide et peu naturel. Si c'était le cas, notre colonne vertébrale aurait la forme d'un pilier plutôt que celle, gracieuse et souple, d'un S allongé.

En fait, la nature a opté pour une structure ondulée parce que celle-ci permet de répartir sur une plus grande

À partir du moment où l'homme est devenu un bipède et qu'il a assumé la position debout, il s'est fait un ennemi de la gravité, qu'il combat depuis ce moment.

J.A. Jones

surface osseuse le poids supporté par notre dos en position debout. La colonne se compose en effet de 33 **vertèbres** ; si elle était droite, elle en comporterait beaucoup moins, ce qui réduirait d'autant la surface osseuse totale. La pression sur les vertèbres inférieures, donc sur le bas du dos, serait alors telle que nous aurions tous mal au dos dès nos premiers pas.

LORDOSE, CYPHOSE ET SCOLIOSE

Au sommet de ce génial assemblage osseux trône le crâne, parfaitement aligné au-dessus de la cage thoracique, elle-même alignée sur le bassin, où viennent s'attacher les dernières vertèbres. Une **bonne posture** est celle qui maintient cet harmonieux alignement du crâne, de la cage thoracique et du bassin (figure 5.1). Toute posture qui brise cet alignement pendant un certain temps est mauvaise

parce qu'elle crée des tensions parmi les 140 muscles qui soutien-
nent la colonne. Par exemple, si vous travaillez pendant des heures
devant un écran d'ordinateur placé trop haut ou trop bas, il se
créera des tensions dans les muscles de votre cou. À la fin de la
journée, vous aurez probablement mal au cou ou à la tête.

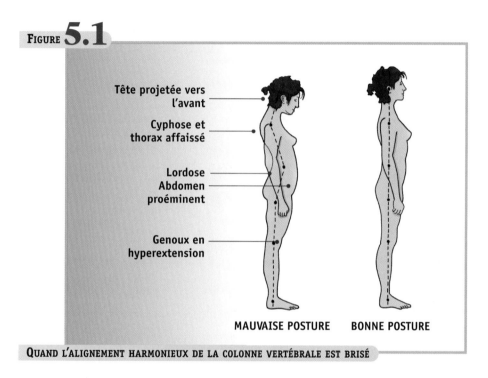

FIGURE **5.1**

Tête projetée vers
l'avant

Cyphose et
thorax affaissé

Lordose
Abdomen
proéminent

Genoux en
hyperextension

MAUVAISE POSTURE   BONNE POSTURE

QUAND L'ALIGNEMENT HARMONIEUX DE LA COLONNE VERTÉBRALE EST BRISÉ

À la longue, les mauvaises postures entraînent des déviations verté-
brales qui sont à l'origine de nombreux maux de dos. Les trois plus
importantes déviations sont la lordose, la cyphose et la scoliose.

La **lordose** est probablement la déviation la plus répandue. Elle se
caractérise par un creux lombaire très prononcé et un déplacement
important du bassin vers l'avant. On peut naître avec une prédisposition à la lordose, mais, la plupart du temps, celle-ci résulte d'un
déséquilibre dans le travail des muscles destinés à maintenir
le bassin dans une position correcte (figure 5.2). Avec le temps, la
dépression lombaire sollicite de plus en plus les muscles dorsaux,

provoquant spasmes, fatigue et douleur chronique dans le bas du dos (**lombalgie**). La lordose est aussi associée aux menstruations douloureuses et à une augmentation du risque de blessures au dos. Heureusement, il existe des exercices efficaces pour prévenir ou atténuer la douleur dans le bas du dos.

FIGURE **5.2**

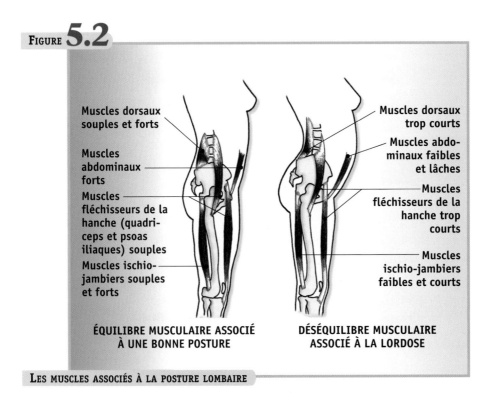

Muscles dorsaux souples et forts

Muscles abdominaux forts

Muscles fléchisseurs de la hanche (quadriceps et psoas iliaques) souples

Muscles ischio-jambiers souples et forts

Muscles dorsaux trop courts

Muscles abdominaux faibles et lâches

Muscles fléchisseurs de la hanche trop courts

Muscles ischio-jambiers faibles et courts

ÉQUILIBRE MUSCULAIRE ASSOCIÉ À UNE BONNE POSTURE

DÉSÉQUILIBRE MUSCULAIRE ASSOCIÉ À LA LORDOSE

LES MUSCLES ASSOCIÉS À LA POSTURE LOMBAIRE

Cinq exercices clés pour réduire la lordose

Les experts estiment qu'environ 80 % des maux de dos sont causés par des déséquilibres entre divers groupes musculaires. Parmi ces maux, les douleurs lombaires sont de loin les plus répandues. Voici quelques exercices qui vous aideront à les soulager. Faites-les régulièrement, trois ou quatre fois par semaine, pendant au moins deux mois. Vous serez étonné de la régression de votre lordose. Consultez aussi notre série d'exercices sur les abdominaux à l'annexe 4.

Bascule du bassin : pour effacer le creux lombaire. Sur le dos, genoux fléchis, les bras croisés sur la poitrine, creusez le bas du dos **(a).** Contractez ensuite les abdominaux afin de plaquer le bas du dos au sol **(b).** Tenez la position six secondes en expirant lentement, lèvres serrées. Répétez trois fois. Cet exercice tout simple est un des meilleurs pour combattre la douleur lombaire.

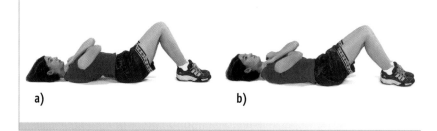

a)   b)

Traction de la jambe : pour étirer les muscles du bas du dos et de l'arrière des cuisses (ischio-jambiers). Sur le dos, genoux fléchis, pieds au sol, joignez les mains derrière la cuisse droite et tirez lentement le genou vers la poitrine **(a),** puis étendez la jambe vers le plafond **(b).** Tirez à nouveau le genou vers la poitrine (vous devez ressentir un bon étirement derrière la cuisse, mais jamais de douleur). Tenez la pause environ 25 secondes. Revenez lentement à la position de départ. Répétez avec l'autre jambe.

a)   b)

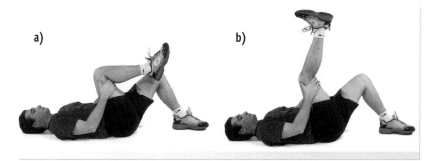

Génuflexion : pour allonger les fléchisseurs de la hanche (quadriceps et psoas iliaques). En position de génuflexion, genou droit posé sur le sol, amenez le bassin vers l'avant jusqu'au seuil d'étirement du devant de la cuisse et de la région de l'aine. Tenez la pause environ 25 secondes. Revenez lentement à la position de départ. Répétez avec l'autre jambe.

Chaise. Assis sur une chaise, effacez le creux lombaire **(a)** en plaquant le bas du dos contre le dossier **(b).** Pour ce faire, contractez les fessiers et les abdominaux. Tenez la position six secondes en expirant lentement, lèvres serrées. Répétez autant de fois que vous le voulez lorsque vous travaillez assis.

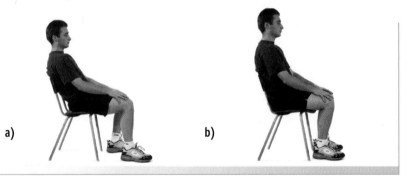

a)   b)

Demi-redressement croisé : pour renforcer les abdominaux obliques (voir l'annexe 4). Sur le dos, bras repliés, mains sur les épaules **(a),** exécutez un demi-redressement assis en tournant le tronc vers la gauche **(b)** et revenez à la position de départ. Recommencez en tournant cette fois le tronc vers la droite. Pendant le redressement, expirez. Commencez par quelques demi-redressements croisés, puis passez à 10, puis à 15, et ainsi de suite jusqu'à plus de 30 répétitions.

a)   b)

Le chat au dos plat: pour renforcer le muscle transverse (voir l'annexe 4). À quatre pattes, le dos plat, inspirez en gonflant le ventre (chap. 1, p. 37) et en maintenant le dos plat **(a).** Puis, expirez en maintenant toujours le dos plat **(b).** Répétez 3 fois.

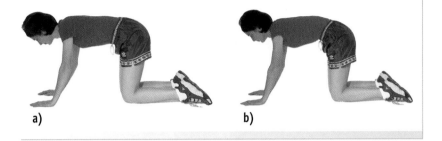

a)   b)

La **cyphose** (figure 5.1) est une déviation qui fait voûter le dos et projeter la tête vers l'avant. Cette déviation peut causer des maux de tête et des douleurs dans la région cervicale (**cervicalgie**). Dans les cas sévères, une bosse apparaît dans le haut du dos. Celle-ci est communément appelée «bosse du lecteur», à cause de la position assise particulière qu'adopte souvent la personne qui lit. En plus d'être inesthétique, la cyphose provoque une usure précoce des vertèbres pouvant causer de l'**arthrose cervicale.** Les clavicules et les omoplates étant rattachées à cette partie de la colonne, le dos rond entraîne aussi des douleurs dans les épaules et au milieu du dos. Une table de travail trop basse, un oreiller trop gros, une mauvaise position assise, la pratique de certains instruments de musique (en particulier le violon et le piano) et même certains troubles émotionnels (peur des autres, anxiété chronique, dépression) peuvent éventuellement donner naissance à une cyphose.

Quand la déviation de la colonne est latérale, on parle de **scoliose.** Celle-ci se caractérise par une asymétrie plus ou moins marquée, provoquée par l'affaissement d'une seule épaule ou d'une seule hanche (figure 5.3). Dans certains cas, la déviation est telle qu'elle cause des malaises ou des douleurs au dos, aux épaules et aux hanches. Plutôt rares, les scolioses prononcées (déviations latérales supérieures à 30°) se développent surtout chez les personnes ayant une prédisposition héréditaire ou une anomalie congénitale.

FIGURE **5.3**

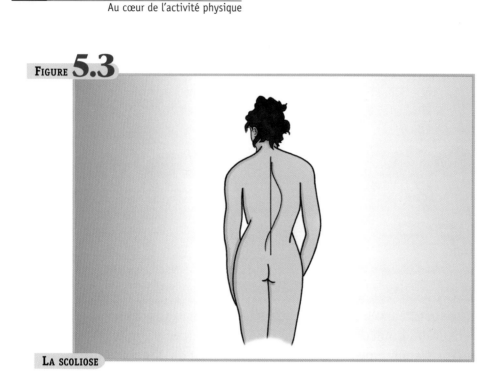

LA SCOLIOSE

Ces trois types de déviations diminuent l'espace entre les vertèbres, ce qui accroît le risque de compression des quelque 30 nerfs qui traversent l'épine dorsale. Par exemple, dans le cas d'une forte lordose, il arrive parfois qu'une vertèbre lombaire et le sacrum aient à ce point dévié qu'ils exercent une pression douloureuse sur les racines nerveuses situées à proximité.

La hernie discale

Les contraintes mécaniques imposées à la colonne par les mauvaises postures malmènent aussi les **disques intervertébraux.** Normalement, ces coussinets élastiques situés entre les vertèbres se compressent lorsqu'on soulève un objet lourd et se détendent aussitôt qu'on relâche la charge, un peu comme le fait l'amortisseur d'une auto. Par contre, lorsqu'on soulève une boîte de livres sans plier les jambes, par exemple, le devant des vertèbres tend à se rapprocher et l'arrière, à s'éloigner (figure 5.4). Une forte pression vers l'arrière s'exerce alors sur le noyau du disque intervertébral, qui

FIGURE **5.4**

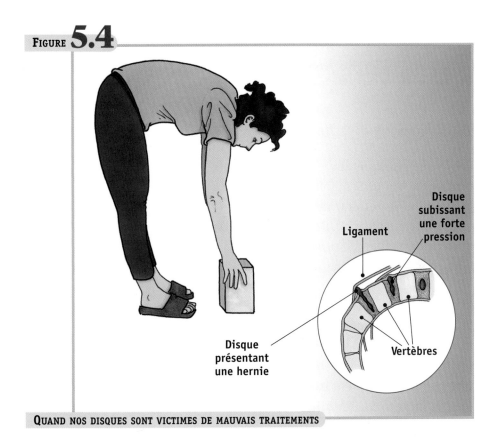

QUAND NOS DISQUES SONT VICTIMES DE MAUVAIS TRAITEMENTS

peut à la longue se fissurer. Dès lors, une partie du noyau gélatineux situé au centre du disque sort par la fissure et vient s'appuyer sur la moelle épinière ou un nerf rachidien (habituellement le nerf sciatique) : c'est la **hernie discale.** À son tour, la hernie peut être la cause de douleurs intenses et d'engourdissements le long du trajet du nerf touché, lequel se rend jusqu'au bout des orteils.

Les disques de la région lombaire sont les plus sujets à la hernie, car ils subissent une plus grande compression que ceux de la partie haute de la colonne. Par conséquent, méfiez-vous des mouvements brusques de torsion ainsi que des flexions ou extensions profondes du tronc qui viennent encore augmenter ce risque.

LES POSTURES QUI PRÉVIENNENT LES MAUX DE DOS

Les maux de dos, aussi fréquents soient-ils, ne sont pas inévitables puisque la plupart peuvent être prévenus. Ils ont pour cause commune un déséquilibre entre les tensions musculaires qui s'exercent au niveau de la colonne vertébrale. Ce déséquilibre, on l'a vu, est souvent le résultat de mauvaises postures. En corrigeant ces postures, on peut donc prévenir l'apparition d'un mal de dos. Voici quelques exemples de situations de la vie courante où vous pouvez faire en sorte de protéger votre dos.

En position assise. Aussi paradoxal que cela puisse paraître, la position assise, en apparence relaxante, est une des plus éprouvantes pour la colonne vertébrale. Dès que l'on s'assoit, la pression sur les disques intervertébraux du bas du dos augmente de plus de 100 %, tout simplement parce qu'on vient d'éliminer le support des pieds (figure 5.5). En fait, c'est comme si on était assis sur sa

FIGURE **5.5**

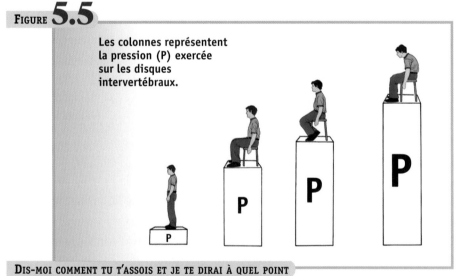

Les colonnes représentent la pression (P) exercée sur les disques intervertébraux.

DIS-MOI COMMENT TU T'ASSOIS ET JE TE DIRAI À QUEL POINT TU FAIS SOUFFRIR TES DISQUES INTERVERTÉBRAUX !

colonne. Des études ont même démontré que les chauffeurs de taxi et les représentants qui voyagent beaucoup présentent un risque de hernie discale trois fois plus élevé que la population en général. Ce risque est encore plus élevé chez les personnes qui, en plus de travailler assises, sont exposées à des vibrations, comme les conducteurs de camions et les pilotes d'avion.

Comme nous passons de plus en plus de temps assis, nous avons intérêt à nous asseoir convenablement et sur une **bonne chaise**. Celle-ci doit être confortable et pourvue d'un support lombaire afin de soutenir les muscles du bas du dos. Si le dossier est droit, installez un coussin (serviette roulée, support lombaire commercial) entre celui-ci et le creux de votre dos. Une bonne chaise de travail doit être pivotante et munie de roulettes pour éviter les mouvements de torsion du tronc. De plus, le dossier et le siège doivent pouvoir s'ajuster à votre taille. Réglez la hauteur du siège de façon à ce que vos pieds soient bien à plat sur le plancher. Enfin, même si vous êtes bien assis sur une bonne chaise, bougez de temps à autre afin d'atténuer le stress imposé à la colonne. Par exemple, changez fréquemment de position, croisez et décroisez les jambes, adossez-vous et n'hésitez pas à vous lever toutes les 30 minutes pour dégourdir vos muscles.

Devant l'ordinateur et la télévision. Si vous passez beaucoup de temps devant un écran d'ordinateur, assurez-vous que votre tête est droite et que vos yeux sont au même niveau que le haut de l'écran. Pour vous convaincre de l'importance de cet ajustement, vous n'avez qu'à observer le dos voûté des programmeurs négligents qui ont travaillé, des années durant, les yeux rivés sur un écran trop bas. Quand vous regardez la télévision, asseyez-vous face à l'appareil; cela vous évitera d'avoir le cou tordu pendant toute la soirée.

Au volant. Quand vous conduisez, ajustez votre siège de façon à ce que vos pieds atteignent les pédales et vos mains le volant, sans étirement. Cependant, si vous êtes de petite taille et que votre auto est munie de coussins gonflables, installez-vous le plus loin possible du volant afin d'éviter d'être blessé à la tête lors d'un éventuel gonflement du coussin. Si le siège de votre auto n'est pas muni d'un support lombaire, ajoutez-en un.

En position debout. Si votre travail vous oblige à rester longtemps debout, évitez de toujours garder les pieds sur un même plan ; posez-en un sur un **repose-pied** de 15 à 20 cm de haut ou sur de gros livres (figure 5.6A).

FIGURE **5.6**

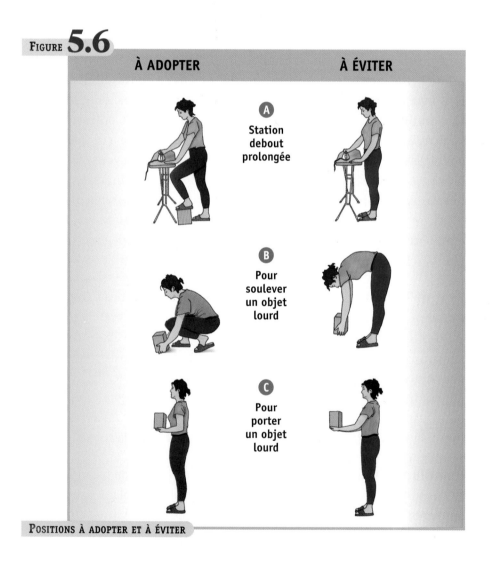

À ADOPTER   À ÉVITER

A Station debout prolongée

B Pour soulever un objet lourd

C Pour porter un objet lourd

POSITIONS À ADOPTER ET À ÉVITER

Sacs et sacoches. Évitez de surcharger votre serviette ou votre sac à main de paperasse ou d'objets inutiles. Quand vous les portez, changez de main ou d'épaule de temps à autre ; vos efforts seront ainsi mieux répartis de chaque côté et votre posture latérale ne s'en portera que mieux. Faites de même avec les sacs d'épicerie, votre sac de sport, etc.

Les objets lourds. Quand vous devez porter un objet lourd, essayez d'abord de le déplacer en le poussant ou en le tirant. Soulever un objet exige un effort beaucoup plus grand que de le pousser ou le tirer sur le sol. S'il vous faut le soulever, pliez toujours les genoux et relevez-vous en gardant le dos droit (figure 5.6B). Cette méthode vous fait mettre à contribution vos puissants quadriceps (muscles du devant de la cuisse) plutôt que ceux du bas du dos. Une fois l'objet soulevé, transportez-le en le gardant le plus près possible du corps (figure 5.6C). Quand vous sortez un objet lourd du coffre de l'auto, commencez par le rapprocher de vous, puis appliquez la même technique.

Au lit. La meilleure position pour dormir est celle que vous trouvez confortable. Toutefois, si vous souffrez de maux de dos, il vaut mieux dormir sur le côté, les genoux légèrement fléchis (figure 5.7), ou encore sur le dos, avec un oreiller placé sous les genoux. Lorsque vous lisez au lit, faites-le dans une position presque assise, genoux pliés.

FIGURE 5.7

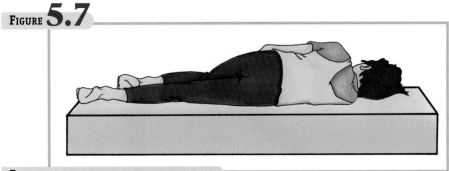

POSITION POUR DORMIR SI ON A MAL AU DOS

Au cours de la pratique d'une activité physique. L'exercice est bon pour le dos. Il renforce les muscles et les tendons, maintient la solidité des vertèbres et accélère la guérison des cartilages et des disques intervertébraux. Pratiqué dans de mauvaises conditions, toutefois, l'exercice peut être la cause de blessures au dos, comme le constatent souvent les athlètes. Voici quelques conditions qui augmentent le risque de **blessures au dos** et qu'il faut donc éviter :

- négliger sa préparation physique (chapitres 8 et 9) ;

- appliquer une mauvaise technique ;

- pratiquer des sports de contact ou une activité qui présente un risque élevé de chute ou de collision quand notre dos est fragile ;

- faire de l'exercice jusqu'à l'épuisement ;

- s'adonner à des exercices vigoureux en dépit d'un mal de dos ;

- soulever des haltères sans respecter les règles de sécurité, etc.

Alors, si vous voulez profiter des bienfaits de l'exercice sans risquer de blesser votre dos, échauffez vos muscles, améliorez votre technique si elle laisse à désirer (chapitre 10), portez un équipement de protection quand on le recommande, pratiquez des activités compatibles avec l'état de votre dos et arrêtez-vous quand vous sentez la fatigue vous envahir, surtout si vous pratiquez un sport à risque pour le dos.

BILAN ma posture

④

Après la lecture de ce chapitre, vous vous demandez peut-être si votre colonne est droite ou « déviante ». Les petits tests suivants devraient vous permettre de connaître l'état de votre posture au repos.

Le dos appuyé contre un mur, demandez à un partenaire de mesurer, à l'aide d'une règle graduée en centimètres, votre creux lombaire (espace entre le mur et la partie la plus creuse de votre dos) et votre creux cervical (espace entre le mur et la partie la plus creuse de votre cou).

1. Bonne posture

Une bonne posture est associée à des creux lombaire et cervical d'environ 3 cm de profondeur chacun.

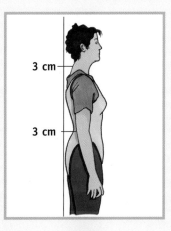

2. Lordose

Si la profondeur de votre creux lombaire est de 7 cm ou plus, vous souffrez d'une lordose. Dans ce cas, en plus d'appliquer les mesures préventives suggérées dans ce chapitre, vous devriez faire régulièrement des exercices destinés à réduire la lordose.

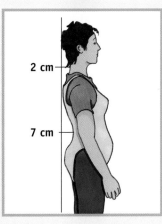

3. Cyphose

Si la profondeur de votre creux cervical est de 7 cm ou plus, vous souffrez d'une cyphose. Vos épaules sont probablement tombantes, votre tête projetée vers l'avant et votre dos, voûté. Un thérapeute du dos (physiothérapeute, chiropraticien, ostéopathe, physiatre, orthopédiste, praticien d'une méthode posturale) pourra vous suggérer une gymnastique corrective qui réduira la cyphose. Cette gymnastique pourrait même vous faire grandir de 1 à 3 cm en quelques mois...

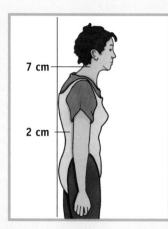

4. Scoliose

En maillot ou nu devant un miroir, vérifiez si vos épaules et vos hanches sont sensiblement à la même hauteur. Si ce n'est pas le cas, vous avez une scoliose. Lorsque les différences de hauteur sont minimes, la scoliose est légère et ne pose pas de problèmes particuliers. Par contre, si l'inégalité des épaules et celle des hanches sont frappantes, un thérapeute du dos pourra vous suggérer des exercices asymétriques (on étire le côté court et on renforce le côté long) pour atténuer la déviation latérale. En cas de scoliose importante, consultez un orthopédiste.

Au
repos

1. Ma posture est bonne. ☐

2. J'ai probablement une tendance à la lordose. ☐

3. J'ai probablement une tendance à la cyphose. ☐

4. J'ai probablement une scoliose. ☐

CHAPITRE 6

Forme physique: la métamorphose

V ous vous souvenez de A, qui montait péniblement une côte abrupte pendant que B le faisait sans effort ? La bonne nouvelle pour A, c'est que son cas n'est pas désespéré ; il va découvrir dans ce chapitre qu'il existe des moyens efficaces pour se remettre en forme. Ces moyens sont à votre disposition ; n'hésitez pas à vous en servir, surtout si le bilan de votre condition physique vous donne le cafard ! Cependant, pour améliorer en douceur et de manière sécuritaire vos capacités physiques, vous devrez respecter cinq **principes de base** (tableau 6.1), soit la spécificité, la surcharge, la progression, l'individualité et le maintien.

6.1

TABLEAU

Les cinq principes de l'entraînement
• La spécificité
• La surcharge (fréquence, durée et intensité de l'effort)
• La progression
• L'individualité
• Le maintien

La spécificité

L'adaptation du corps à une activité physique est spécifique à cette activité. Autrement dit, à tel exercice correspond telle adaptation. Par exemple, si vous voulez améliorer votre capacité de faire des longueurs de piscine, vous devez nager et non patiner. De même, si vous voulez fortifier vos bras, le jogging est inutile ; il faut plutôt soulever des haltères. L'application du principe de la spécificité suppose aussi que l'on choisisse un type d'exercice compatible avec l'objectif visé, parmi l'une ou l'autre des sept grandes **familles d'exercices** (figure 6.1). Pour réussir sa métamorphose, A, dont

FIGURE 6.1

L'**exercice aérobique** est un exercice d'intensité modérée qui sollicite les grandes masses musculaires et le système à oxygène.

L'**exercice anaérobique** est un exercice d'intensité élevée à très élevée qui sollicite les grandes masses musculaires et le système ATP-CP ou le système à glycogène.

Dans l'**exercice dynamique concentrique,** les fibres des muscles sollicités *raccourcissent* pendant l'effort.

Dans l'**exercice dynamique excentrique,** les fibres des muscles sollicités *allongent* pendant l'effort.

Dans l'**exercice isométrique,** la contraction musculaire est statique, c'est-à-dire qu'elle n'entraîne aucun mouvement apparent.

L'**exercice d'étirement** consiste dans l'allongement graduel des muscles.

L'**exercice plyométrique** est un exercice avec détente qui déclenche une contraction excentrique suivie d'une contraction concentrique.

LES GRANDES FAMILLES D'EXERCICES

l'endurance cardiovasculaire est à plat, devra donc choisir des activités de type aérobique. Vous devrez vous aussi choisir vos activités en fonction de vos objectifs (chapitres 7 et 10).

La surcharge

Pour améliorer sa capacité d'adaptation à l'effort physique, il faut en faire plus que d'habitude, c'est-à-dire passer de la marche au jogging, faire une heure de badminton plutôt que 45 minutes ou étirer ses muscles quatre fois par semaine au lieu de deux. On crée même une surcharge lorsqu'on passe de la position assise à la position debout! Quand on augmente la charge, le corps travaille plus fort. Mais, en même temps, il s'adapte au surplus de travail, de sorte que l'effort intense qui nous faisait suer et souffrir devient un effort modéré après un mois. L'application du principe de surcharge exige que l'on choisisse l'**intensité** et la **durée** d'une activité physique, ainsi que la **fréquence** de sa pratique.

La choix de la surcharge dépend de l'objectif visé. L'individu A, par exemple, qui veut améliorer son endurance cardiovasculaire, devra pratiquer une activité aérobique (principe de spécificité) qui élève son pouls à un certain niveau (intensité de la surcharge) pendant au moins 15 minutes (durée de la surcharge), au moins deux fois par semaine (fréquence de la surcharge). Dans ce cas, l'intensité de la surcharge sera exprimée en termes de pulsations et déterminée à partir du calcul de la fréquence cardiaque cible (voir le *Zoom*, page 127). Pour celui qui souhaite améliorer sa vigueur musculaire, la surcharge se traduira par un certain nombre de levées d'une certaine charge qui peut être un haltère ou le poids de son propre corps. Quant à celui qui souhaite assouplir ses muscles, la surcharge nécessaire sera fixée en nombre de secondes d'étirement maintenu.

La progression, ou l'ajustement de la surcharge

Quelle que soit la nature de la surcharge que vous appliquerez dans votre programme d'activité physique, elle ne doit pas être trop

CALCULEZ VOTRE FRÉQUENCE CARDIAQUE CIBLE

Les experts estiment qu'un effort aérobique dont l'intensité varie entre 50 et 70 % de la consommation maximale d'oxygène (CMO^2) constitue une surcharge suffisante pour améliorer l'endurance cardiovasculaire tout en étant sécuritaire pour la plupart des individus moyennement en forme. Pour respecter ces pourcentages, il faudrait connaître sa CMO^2, puis courir, nager ou pédaler avec un analyseur de gaz accroché dans le dos, ce qui serait plutôt encombrant ! Il existe une méthode plus simple pour améliorer son endurance en toute sécurité : élever la fréquence de ses pulsations jusqu'à sa plage de fréquence cardiaque cible (FCC). Cette dernière peut être établie à l'aide de la méthode de calcul suivante :

1. On estime d'abord sa fréquence cardiaque maximale (FCM) selon la formule suivante :

   220 battements par minute – l'âge

   Par exemple, la FCM de A, qui a 20 ans, est de 200 (220 − 20).

2. On calcule ensuite sa fréquence cardiaque au repos (FCR) en prenant son pouls debout, après une période de repos.

   La FCR de A est de 75 battements par minute.

3. On détermine sa réserve cardiaque (RC), c'est-à-dire la différence entre la fréquence cardiaque maximale et la fréquence cardiaque au repos :

   FCM − FCR = RC

   La RC de A est donc de 125 (200 − 75).

4. On multiplie sa RC par un des couples de pourcentages suivants, en fonction de son endurance cardiovasculaire : 55 et 65 % si elle est faible, 65 et 75 % si elle est moyenne, 75 et 85 % si elle est élevée. On ajoute au résultat obtenu sa fréquence cardiaque au repos pour obtenir sa FCC.

   Dans le cas de A, chez qui le test de 12 minutes a révélé une endurance cardiovasculaire faible, la FCC s'étend de 144 battements par minute (125 × 55 % = 69 + 75) à 156 battements par minute (125 × 65 % = 81 + 75).

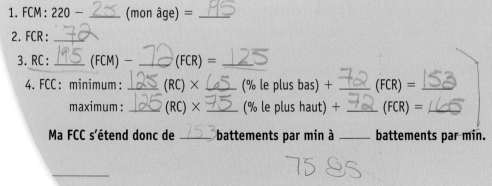

Ma fréquence cardiaque cible :

1. FCM : 220 − ___25___ (mon âge) = ___95___

2. FCR : ___72___

3. RC : ___195___ (FCM) − ___72___ (FCR) = ___125___

4. FCC : minimum : ___125___ (RC) × ___65___ (% le plus bas) + ___72___ (FCR) = ___153___

   maximum : ___125___ (RC) × ___75___ (% le plus haut) + ___72___ (FCR) = ___165___

   Ma FCC s'étend donc de ___153___ **battements par min à** _____ **battements par min.**

75 85

prononcée au départ, question de ne pas surmener vos muscles et votre cœur, et de ne pas vous décourager. Toutefois, après un certain temps, la surcharge de départ, par exemple 10 minutes de jogging ou 10 levées d'une charge de 30 kg, devient trop peu exigeante. C'est la preuve tangible que le corps a augmenté sa capacité d'adaptation. Pour poursuivre sur cette lancée, il faut ajuster *régulièrement* la surcharge en l'augmentant *progressivement* (tableau 6.6, p. 135). On passera donc à 12 minutes de jogging ou à 10 levées d'une charge de 35 kg. Cet ajustement est essentiel pour maintenir l'efficacité de la surcharge. Une fois l'objectif atteint, on pourra se contenter d'une surcharge d'entretien, comme nous le verrons plus loin.

L'individualité

La réponse du corps à l'activité physique varie selon les individus et dépend de facteurs comme l'hérédité, le type physique (voir p. 129 et suiv.), l'alimentation, la motivation, le mode de vie et l'influence de l'environnement. Le même programme d'activité physique suivi par un groupe de personnes du même sexe et du même âge produira chez chacune d'elles des effets semblables, mais la courbe d'amélioration variera d'une personne à l'autre. C'est un principe à ne pas oublier quand on se compare aux autres.

Le maintien

Plutôt séduisant, ce principe, puisqu'il nous permet d'en faire moins tout en maintenant les acquis. Mais attention : on peut réduire la fréquence et la durée de l'effort, mais pas son intensité. Supposons qu'A ait atteint la forme cardiaque voulue après 8 semaines d'exercices aérobiques, à raison de 4 séances de 25 minutes par semaine. S'il veut conserver cette forme, il peut, par exemple, réduire son volume total d'activité physique à 2 séances de 20 minutes par semaine, à condition de maintenir le même pouls à l'effort.

Dans le cas de la vigueur musculaire, on peut réduire le nombre de séances d'exercice, leur durée, ainsi que le nombre de séries (blocs de répétitions), mais pas le nombre de répétitions (nombre d'exécutions consécutives du mouvement) ni la charge à soulever. Quant à la souplesse, on peut la conserver tout en réduisant les séances d'étirements à une seule par semaine, en autant que la durée des étirements reste la même.

LES TYPES PHYSIQUES ET L'EXERCICE

Avez-vous déjà remarqué jusqu'à quel point les marathoniens d'élite se ressemblent ? Tous minces et filiformes. Pas un costaud et encore moins un rondelet dans le peloton ! Et chez les pros du 100 mètres, c'est pareil : que des musclés à la ligne de départ ! Quant aux « bien en chair », où sont-ils ? Ils lancent le poids au centre de la piste, quand ils ne luttent pas au Japon (les sumos pèsent plus de 150 kg). Tel sport, tel physique alors ? Juste. Et cela est vrai pour tout le monde, vous y compris.

En fait, les athlètes n'ont guère le choix : s'ils veulent gagner un jour, ils doivent avoir le physique de l'emploi, ce que, dans le jargon scientifique, on appelle le **somatotype**. En se basant sur les principales composantes du poids corporel – les os, les muscles et la graisse – les experts ont défini trois types physiques : l'endomorphe, le mésomorphe et l'ectomorphe (figure 6.2). L'**endomorphe** se caractérise par de gros os et un corps tout en rondeurs. C'est le lanceur de poids ou la lanceuse de disque. Le **mésomorphe**, ou type musculaire, affiche des os de grosseur moyenne et une forte musculature. C'est la gymnaste ou le sprinteur. Enfin, l'**ectomorphe**, ou type osseux, est mince et doté d'une ossature délicate. Ses muscles sont longs et fins. C'est, par exemple, le marathonien ou la skieuse de fond d'élite.

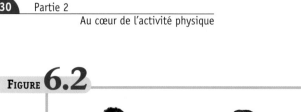

FIGURE **6.2**

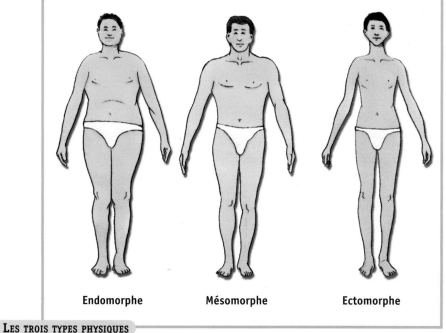

Endomorphe   Mésomorphe   Ectomorphe

LES TROIS TYPES PHYSIQUES

L'influence positive de l'activité physique

L'hérédité détermine, en grande partie, le type physique. L'athlète olympique qui gagne une médaille d'or le doit aussi bien à son entraînement qu'à ses parents. Mais précisons que la plupart d'entre nous sommes un mélange d'au moins deux types, même si l'un prédomine généralement. Par exemple, vous pouvez avoir hérité d'un de vos parents d'une petite ossature (tendance ectomorphe), mais également être musclé (tendance mésomorphe). Aux yeux des spécialistes de l'**anthropométrie** (étude des proportions du corps humain), vous êtes un méso-ectomorphe ou un ecto-mésomorphe, selon ce qui prédomine chez vous, vos muscles ou vos os délicats.

Toutefois, les gènes ne dictent pas tout. Les habitudes de vie ont aussi une influence sur le type physique. Ainsi, les carences alimentaires peuvent nuire au développement des systèmes musculaire et osseux. Les activités physiques entrent également en jeu. Elles peuvent en effet modifier, du moins jusqu'à un certain point, votre type physique. Supposons que vous êtes du type ectomorphe et que vous vous mettez à faire beaucoup de musculation ; il est probable qu'après un certain temps, votre masse musculaire ayant augmenté, vous serez plus près du mésomorphe. L'inverse est également vrai. Un endomorphe peut ressembler davantage à un mésomorphe s'il diminue substantiellement sa masse grasse au moyen d'un entraînement intensif. Même l'ossature peut changer sous l'effet de l'exercice. Des études n'ont-elles pas démontré une hypertrophie des os du bras dominant chez les joueurs de tennis et les lanceurs au base-ball ?

Bien sûr, le type physique importe peu quand on pratique un sport pour le plaisir ou la forme. Une personne mince comme un mannequin peut s'amuser ferme en ski alpin, même si l'élite mondiale de ce sport est du type musculaire. Il n'en demeure pas moins que *la connaissance de votre type physique peut vous aider à mieux choisir une activité physique.* Vous aurez en effet des attentes plus réalistes en ce qui concerne les résultats de l'exercice sur vous, puisque ceux-ci dépendent en partie de votre type physique. À preuve, les personnes minces aux petits os (ectomorphes) ne se musclent pas facilement, alors qu'on a l'impression que les costauds aux larges épaules se musclent rien qu'à toucher aux haltères ! Par conséquent, une personne ectomorphe qui s'abonne, à fort prix, à une salle de musculation dans l'espoir de faire grossir ses muscles rapidement risque d'être déçue. Elle finira, certes, par prendre du muscle, mais elle devra y mettre le temps et la patience ! Côté rose, cependant, l'ectomorphe n'engraisse pas aisément, tandis que l'endomorphe, lui, a un mal fou à maigrir. D'ailleurs, sachant cela, l'endomorphe serait mieux avisé de choisir des activités physiques qui entraînent une dépense calorique élevée.

Un test simple pour déterminer votre type physique

À présent, voici un test qui vous permettra de cerner votre type physique en moins de dix minutes. On se met torse et jambes nus devant une grande glace et on observe, attentivement, les 5 régions suivantes : 1) la tête ; 2) la cage thoracique et le tronc ; 3) les mains, les épaules et les bras ; 4) l'abdomen ; et 5) les jambes. Pour chacune de ces régions corporelles, attribuez-vous une note entre 1 et 7 en considérant les unes après les autres les caractéristiques des trois types physiques (endomorphe, mésomorphe et ectomorphe) résumées dans le tableau 6.2. La moyenne des points obtenus dans chacune des régions (tableau 6.3) donne le pointage final en endomorphie, en mésomorphie et en ectomorphie. Ainsi, l'endomorphe parfait aura un pointage de 7-1-1, le mésomorphe parfait, 1-7-1, et l'ectomorphe parfait, 1-1-7. Mais, les gens étant en général un mélange de deux ou trois types, le pointage final ressemblera plutôt à ceci : 6-4-2 (tendance endomorphe), 2-5-4 (tendance mésomorphe), etc. Testez-vous à présent !

6.2

TABLEAU

Caractéristiques sommaires des trois types physiques

		Endomorphie	Mésomorphie	Ectomorphie
1.	Tête et cou	Tête large et ronde, cou court et gros	Os du visage proéminents, cou long et fort	Visage délicat, menton pointu, cou long et mince
2.	Cage thoracique et tronc	Larges et épais	De forme triangulaire	Thorax long et étroit
3.	Mains, épaules et bras	Mains coussinées, bras courts, épaules rondes	Épaules larges, clavicules solides et saillantes, bras musclés	Bras longs et peu musclés, mains petites, épaules étroites
4.	Abdomen	Abdomen large et proéminent, fesses lourdes	Abdomen plat et ferme, taille mince et fesses rondes	Abdomen plat, fesses fuyantes
5.	Jambes	Courtes et bien enveloppées	Musclées	Longues et minces

6.3

TABLEAU

	Endomorphie	Mésomorphie	Ectomorphie
Votre type physique			
1. Tête et cou	1 2 3 4 5 6 7	1 2 3 4 5 6 7	1 2 3 4 5 6 7
2. Cage thoracique et tronc	1 2 3 4 5 6 7	1 2 3 4 5 6 7	1 2 3 4 5 6 7
3. Mains, épaules et bras	1 2 3 4 5 6 7	1 2 3 4 5 6 7	1 2 3 4 5 6 7
4. Abdomen	1 2 3 4 5 6 7	1 2 3 4 5 6 7	1 2 3 4 5 6 7
5. Jambes	1 2 3 4 5 6 7	1 2 3 4 5 6 7	1 2 3 4 5 6 7
Moyenne* :			

Vous avez une tendance : ☐ endomorphe, ☐ mésomorphe, ☐ ectomorphe

* Additionnez les notes obtenues dans chaque colonne et divisez par 5 pour obtenir la moyenne. Si le résultat comporte des décimales, arrondissez au nombre supérieur.

NEUF PROGRAMMES POUR AMÉLIORER SES CAPACITÉS PHYSIQUES

Appliqués à chacun des déterminants de la condition physique, les principes d'entraînement permettent de créer différents programmes d'amélioration des capacités physiques. Le tableau 6.4 présente la recette de base de ces programmes. Consultez-le attentivement ; il peut vous aider à choisir un programme efficace et sécuritaire qui tient compte de vos besoins et de votre condition physique. Les adeptes de la musculation, de plus en plus nombreux, trouveront dans le tableau 6.5 quatre programmes de base touchant les différents aspects de la vigueur musculaire. Quant au tableau 6.6, il présente un exemple concret de l'application du principe de progression dans le cadre d'un programme de mise en forme cardio-vasculaire. Enfin, vous trouverez à l'annexe 4 des photos illustrant les exercices de base utilisés dans un programme de musculation ainsi qu'une série d'exercices pour les abdominaux.

6.4 TABLEAU — Cinq programmes de base pour améliorer ses capacités physiques

Principes d'entraîne-ment*	PROGRAMME 1 : Augmenter son endurance cardiovasculaire et musculaire	PROGRAMME 2 : Augmenter sa force musculaire	PROGRAMME 3 : Diminuer ses réserves de graisse	PROGRAMME 4 : Augmenter sa flexibilité	PROGRAMME 5 : Améliorer sa santé par l'approche non structurée
Spécificité type d'exercices**	Exercices aérobiques	Exercices avec charges à soulever	Exercices aérobiques prolongés ou programmes 1 et 2 combinés	Exercices d'étirement	Tâches domestiques, sports, exercices de conditionne-ment physique, bricolage, etc.
Surcharge intensité	Selon votre FCC (p. 127)	8 à 12 répétitions maximales (RM)	Selon les pro-grammes 1 et 2	Jusqu'au seuil d'étirement des muscles	Modérée à légère
durée	15 à 30 minutes	Le temps de faire 2 ou 3 séries	30 minutes et plus	Étirements maintenus 20 à 25 secondes, 2 fois	30 minutes en une seule fois ou fractionnées
fréquence	2 à 4 fois par semaine	2 à 4 fois par semaine	4 ou 5 fois par semaine	2 à 4 fois par semaine	Tous les jours
Progression (voir aussi le tableau 6.6)	Dès que la FCC diminue, on augmente l'in-tensité ou la durée de l'effort	Dès qu'on dépasse avec facilité le nombre de répétitions	Selon les programmes 1 et 2	Dès que la sensation d'étirement diminue	15 minutes au début, puis augmenter la durée graduelle-ment
Maintien	Réduire la durée et la fréquence, mais pas la FCC	Réduire le nombre de séries et la fréquence, mais pas le RM ni la charge à soulever	Réduire la durée et la fréquence, mais pas la FCC	Réduire la fréquence à une fois par semaine sans modifier la durée des étirements	Réduire la durée et la fréquence, mais augmenter un peu l'intensité

* L'application du principe de l'individualité étant par définition très variable, il n'est pas présenté ici.

** Vous trouverez ailleurs dans ce livre, en particulier aux chapitres 7, 8 et à l'annexe 4, plusieurs suggestions d'exercices et d'activités physiques.

6.5 | Quatre programmes pour améliorer sa vigueur musculaire

Principes d'entraînement	PROGRAMME 1 : Gain de force musculaire	PROGRAMME 2 : Atteinte de la force maximale (puissance)	PROGRAMME 3 : Gain d'endurance musculaire	PROGRAMME 4 : Hypertrophie et découpage (culturisme)
Répétitions maximales (RM)	8 à 12	1 à 6	15 à 30	8 à 20
Séries	2 ou 3	3 à 6	3 à 6	3 à 8
Repos entre les séries	2 min ou moins	3 min	2 min	1 min ou moins
Fréquence	2 ou 3 fois par semaine	3 ou 4 fois par semaine	3 à 6 fois par semaine	4 à 12 fois par semaine*

* *Une fréquence supérieure à 7 par semaine signifie que l'individu fait parfois 2 séances d'entraînement dans la même journée, soit une le matin et une autre en fin d'après-midi, par exemple.*

6.6 | Un exemple concret d'application du principe de progression

En raison de son résultat (désastreux !) au test de 12 minutes, Julie, 19 ans, a décidé d'améliorer son endurance cardiovasculaire en faisant du jogging. Mais comme sa forme cardiovasculaire est faible, elle va débuter son programme de 12 semaines par de la marche rapide. Voici la progression qu'elle entend suivre.

Semaine	Exercice	Intensité	FCC (min.-max.) (p. 127)	Durée (minutes)	Fréquence par semaine
1-2	marche rapide	faible	25 à 35 %	10	2
3	marche/jogging	modérée	35 à 55 %	5M/5J*	2
4	marche/jogging	modérée	55 à 65 %	3M/7J	3
5	marche/jogging	modérée à élevée	55 à 65 %	2M/10J	3
6	jogging	élevée	65 à 75 %	12	3
7-8	jogging	élevée	65 à 75 %	15	3
9-10	jogging	élevée à très élevée	75 à 85 %	20	3
11-12	jogging	élevée à très élevée	75 à 85 %	25	3 à 4

Par la suite, Julie peut conserver ce volume d'exercice ou appliquer le principe du maintien. Dans ce cas, elle peut diminuer la durée et la fréquence des séances de jogging, mais pas leur intensité. Par exemple, à partir de la 13e semaine, elle pourrait jogger 15 minutes, deux fois par semaine, au lieu de 25 minutes quatre fois par semaine. Par contre, sa vitesse de jogging devra demeurer la même que celle qu'elle atteignait à la 12e semaine.

* *M = marche, J = jogging*

ZOOM

HALTÈRES OU APPAREILS DE MUSCULATION ? LE POUR ET LE CONTRE

Vous pouvez faire de la musculation à l'aide d'haltères ou d'appareils de musculation. Rien ne vous interdit non plus de combiner les deux types d'équipement. Mais chacun a ses avantages et ses inconvénients, comme on va le voir.

Les haltères. Leur atout principal : leur *grande maniabilité*. Les haltères vous permettent d'exécuter tous les mouvements qu'autorise une articulation, ce que ne permet pas de faire un appareil de musculation, aussi perfectionné soit-il. C'est sans doute pour cette raison que ceux qui visent un développement musculaire intégral, comme les culturistes, préfèrent les haltères aux appareils même les plus sophistiqués. Par contre, il faut exécuter les mouvements correctement et toujours s'assurer que les disques de métal soient bien retenus par les collets de serrage. Sinon, gare aux blessures ! En outre, certains exercices avec haltères requièrent la présence d'un surveillant.

Les appareil de musculation. Leur atout principal : la *sécurité du mouvement*. En effet, c'est l'appareil qui assure le déplacement de la charge à l'aide d'un mécanisme quelconque. En assurant une plus grande stabilité du tronc, ces appareils protègent mieux le bas du dos. Par conséquent, la présence d'un surveillant n'est pas requise. Par contre, ils coûtent cher, prennent beaucoup de place et exigent un entretien régulier.

Bien qu'il existe plusieurs types d'appareils, on trouve dans la plupart des salles de musculation au Québec les deux types suivants : les appareils avec câbles et poulies du type Universel et les appareils avec came du type Nautilus.

A. Les appareils avec câbles et poulies. Leur conception est simple : une armature d'acier pourvue de câbles et de poulies permet de soulever des plaques de fer situées à l'arrière de la machine, qui font office de poids. Vous pouvez contrôlez la vitesse d'exécution et la charge à soulever, comme s'il s'agissait d'haltères. Mais ils sont plus sécuritaires que ceux-ci : on ne peut échapper un poids sur son pied ou celui du voisin, et le corps est mieux placé pour soulever la charge.

B. Les appareils avec came. Ces appareils permettent un travail musculaire plus efficace. Voici pourquoi. Lorsque vous soulevez un haltère, par exemple une flexion de l'avant-bras pour renforcer le biceps, la contraction musculaire est très forte au départ pour échapper à la gravité, mais beaucoup moins pendant le mouvement et à la fin. Par conséquent, le muscle ne fournit pas un effort constant pendant l'exercice. Les appareils avec came permettent au contraire au muscle de fournir un effort constant pendant toute la course du mouvement. Le muscle se renforce donc à toutes les étapes du mouvement, pas seulement au début.

UNE APROCHE MOINS STRUCTURÉE, ÇA COMPTE AUSSI

Les principes d'entraînement sont aussi compatibles avec une pratique moins structurée de l'activité physique. C'est le cas si vous ne voulez pas, pour diverses raisons, suivre un programme précis d'activité physique. Que pouvez-vous faire alors pour améliorer votre condition physique ? Selon le US Surgeon General (la plus haute autorité en matière de santé publique aux États-Unis et une des plus écoutées sur la planète), il vous suffit de faire 30 minutes d'activité physique modérée par jour, soit l'équivalent d'une dépense énergétique moyenne de 1 000 calories par semaine. Ajoutons qu'il n'est pas nécessaire de faire ce 30 minutes d'un seul coup. Vous pouvez fractionner l'effort en plusieurs petites séances de moins de 10 minutes, par exemple. On atteint là le summum du principe de l'individualité !

Dans cette approche, le principe de la spécificité a un large champ d'application, puisqu'on peut faire appel à plusieurs types d'activité physique : tâches domestiques (laver des vitres, repasser des vêtements, laver un plancher, peindre un mur, etc.), bricolage, jardinage, sports, exercices de conditionnement physique, etc. Comme on précise la durée (30 minutes), l'intensité (modérée) et la fréquence (tous les jours), on respecte également le principe de surcharge. Une activité modérée signifie ici un effort qui nous essouffle un peu ou qui élève notre pouls au repos de 30 à 40 battements par minute. Une activité provoquant une dépense de quatre à sept calories par minute peut également être qualifiée de modérée ; le tableau 6.7 en présente une liste. Si vous voulez un aperçu du temps qu'il faut consacrer à la pratique d'une activité physique pour dépenser 1 000 calories par semaine, consultez le tableau 6.8 et l'annexe 3. Vous pourrez constater que, contrairement à ce qu'on imagine souvent, il n'y a pas là de quoi surcharger un agenda !

6.7

Quelques activités physiques d'intensité modérée

ACTIVITÉS	CALORIES BRULÉES (par minute*)
Repasser des vêtements avec vigueur	4,0
Laver le plancher	4,0
Nettoyer les vitres	4,0
Laver/cirer l'auto	4,5
Golf	5,0
Bicyclette (sur le plat)	5,3
Marche d'un pas rapide	5,5
Ramasser les feuilles mortes	5,5
Badminton (niveau débutant)	6,0
Corde à sauter (cadence moyenne)	6,0
Passer le râteau	6,0
Tondre le gazon (en marchant)	6,5
Patin à glace	6,5
Natation (niveau récréatif)	6,5
Ski de fond sur le plat	7,0
Patin à roues alignées	7,0
Pelleter de la neige	7,5
Ski alpin (niveau récréatif)	7,5

* Ces données sont des valeurs moyennes pour une personne de 68 kg. Si vous pesez davantage, votre dépense énergétique sera un peu plus élevée, et elle sera moindre si vous pesez moins. Afin de tenir compte de cette influence de la masse corporelle sur la dépense calorique, ajoutez 10 % à la valeur calorique pour chaque tranche de 7 kg au-dessus de 68 kg et retranchez 10 % pour chaque tranche de 7 kg au-dessous de 68 kg.

Si vous n'aimez pas compter vos calories, vous pouvez toujours compter vos pas. Selon les données du Cooper Aerobics Research Institute, vous devriez faire en moyenne de 3 000 à 5 000 pas chaque jour pour obtenir l'équivalent de 30 minutes d'activité modérée. Un **pédomètre** peut compter vos pas sans même que vous y pensiez. Ce petit appareil qu'on porte autour de la taille est vendu dans les magasins d'articles de sport. Vous pouvez même l'acheter à plusieurs, puisqu'il suffit de le porter une semaine pour savoir si oui ou non vous marchez suffisamment pour respecter la recommandation du US Surgeon General. De toute façon, ce type d'accessoire s'avère surtout utile au début pour se faire une idée de ce à quoi correspondent 30 minutes d'activité modérée par jour.

6.8

TABLEAU

Calcul du temps nécessaire pour dépenser 1 000 calories

Activité	Masse corporelle (kg)						
	40	**50**	**60**	**70**	**80**	**90**	**100**
Badminton	4 h 00	3 h 09	2 h 35	2 h 11	1 h 58	1 h 44	1 h 33
Bicyclette (20 km/h)	4 h 10	3 h 20	2 h 46	2 h 23	2 h 05	1 h 51	1 h 40
Course (10 km/h)	2 h 46	2 h 14	1 h 51	1 h 35	1 h 24	1 h 14	1 h 06
Danse aérobique	5 h 00	4 h 00	3 h 20	2 h 52	2 h 30	2 h 14	2 h 00
Golf (à pied)	6 h 24	5 h 08	4 h 16	3 h 40	3 h 12	2 h 52	2 h 34
Marche (6 km/h)	7 h 34	6 h 04	5 h 03	4 h 20	3 h 48	3 h 22	3 h 02
Natation style libre (3 km/h)	3 h 40	2 h 56	2 h 28	2 h 06	1 h 50	1 h 38	1 h 26
Patin à roues alignées (15 km/h)	3 h 34	2 h 52	2 h 23	2 h 03	1 h 48	1 h 35	1 h 26
Ski de fond (8 km/h)	2 h 50	2 h 16	1 h 54	1 h 44	1 h 25	1 h 16	1 h 08
Tennis	4 h 18	3 h 27	2 h 52	2 h 28	2 h 10	1 h 55	1 h 44

Que vous comptiez des calories ou des pas, le principe de la progression peut également s'appliquer. Vous pouvez, par exemple, débuter en faisant 15 minutes d'activité physique modérée par jour au lieu de 30, puis augmenter graduellement la durée. Enfin, le principe du maintien peut aussi être respecté si vous réduisez le temps et la fréquence de vos activités physiques, mais qu'en retour vous augmentez l'intensité de l'effort. Par exemple, plutôt que de faire 30 minutes d'activité modérée par jour, vous pouvez vous limiter à 15 minutes d'activité plus vigoureuse, trois fois par semaine.

Il ne vous reste à présent qu'à choisir le programme qui vous convient. Une fois que vous l'aurez fait, consultez le chapitre 10 pour apprendre à personnaliser votre programme en fonction de vos propres objectifs. Vous pouvez aussi, bien sûr, choisir plus d'un programme si vous souhaitez améliorer plusieurs aspects de votre condition physique. Il existe même un mode d'exercice qui vous offre trois programmes en un : le fartlek.

LE FARTLEK, OU D'UNE PIERRE TROIS COUPS

Mis au point à la fin des années trente par un entraîneur d'athlétisme suédois, Gosta Holmer, le fartlek combine efforts aérobiques et anaérobiques sous la forme d'un parcours continu pouvant durer de 20 minutes à deux heures. Holmer a donc, sans le savoir, trouvé la méthode idéale pour entraîner simultanément les trois systèmes de production d'énergie. Pour vous donner une idée de ce à quoi peut ressembler un parcours de **fartlek**, nous en avons représenté un sous la forme d'un graphique où alternent les exercices anaérobiques brefs (système ATP-CP), les exercices anaérobiques longs (système à glycogène) et les exercices aérobiques (système à oxygène). On peut exécuter ces exercices à pied (jogging et marche rapide), en raquettes, en skis de fond, à vélo, en patins à glace ou à roues alignées, ou encore en nageant. On peut même faire du fartlek chez soi sur sa bicyclette stationnaire ou son escalier d'exercice, pourvu qu'on fasse alterner efforts modérés et efforts intenses et qu'on respecte les temps de récupération.

Comme ce type d'entraînement comprend des efforts intenses sur le plan cardiovasculaire et musculaire, vous avez intérêt à démarrer progressivement si vous n'êtes pas en forme. Par exemple, le premier mois, vous pouvez oublier les efforts anaérobiques et vous limiter à des exercices aérobiques légers, à raison de deux ou trois séances de 15 minutes par semaine. Après cette période de rodage, vous pourrez passer progressivement en mode fartlek. Les personnes souffrant de troubles cardiovasculaires, d'asthme grave ou de diabète devraient consulter leur médecin avant d'entreprendre ce genre de programme.

La figure 6.3 donne une représentation graphique de l'effort fourni lors d'un parcours de fartlek. La durée des efforts anaérobiques tient compte des réserves de créatine phosphate et de la capacité des muscles de tolérer l'acide lactique. Cependant, il ne faut pas hésiter à réduire l'intensité des efforts suggérés en fonction de sa condition physique. « Fartlez » maintenant !

FIGURE **6.3**

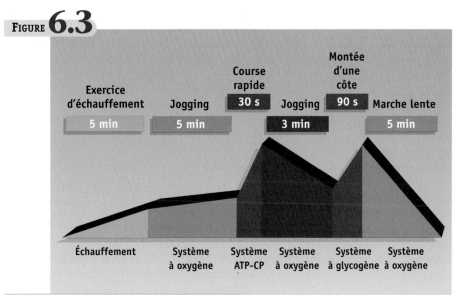

Fartlek : un parcours type de 20 minutes

BILAN

Les effets de mon programme d'activité physique

5

Blessé dans son ego, mais surtout physiquement éprouvé après son ascension, A décide d'améliorer sa condition physique en appliquant les principes qui régissent la pratique sécuritaire et efficace de l'activité physique. Il a choisi de combiner les programmes 1 et 2 du tableau 6.4, conçus pour l'amélioration de l'endurance cardiovasculaire et de la force musculaire. La remise en forme de A s'est étalée sur six mois. Le tableau suivant présente les changements qui se sont opérés chez lui durant le programme. Les cases vides sont destinées à la représentation de votre propre métamorphose.

La métamorphose de A... et la mienne

Ce qui a changé	Avant l'entraînement: pas en forme		Après l'entraînement: en forme	
	A	Et moi ?	A	Et moi ?
Pouls au repos	75		60	
Pouls à l'effort	S'élevait rapidement		S'élève beaucoup plus lentement	
Récupération cardiaque (pouls) une minute après l'effort	Lente		Rapide	
Force musculaire	Faible		Moyenne	
Essoufflement pendant l'effort	Très fort		Modéré	
Sensation après l'effort	Pénible		Détente	
Sommeil	Perturbé		Profond et calme	
Appétit	Insatiable		Régularisé par la sérotonine*	
Réserves de graisse	Importantes		À la baisse	
Stress	Difficile à contrôler		En baisse marquée	
Niveau d'anxiété	Élevée		À la baisse	
Endurance musculaire	Faible		Élevée	
Autres effets ressentis				

* *L'exercice augmente la sécrétion de sérotonine, un neurotransmetteur qui diminue l'appétit.*

Pour la pratique sécuritaire et agréable d'une activité physique

CHAPITRE 7

Activité physique: trouver la perle rare

V

Vous savez où les muscles puisent leur énergie et comment ils l'utilisent. Vous avez aussi une bonne idée de vos capacités physiques et de la façon de les améliorer. Maintenant, il est temps de passer à la pratique en choisissant une activité physique qui va faire de vous une personne active qui prend plaisir à l'être. Pour trouver cette perle rare, vous pouvez toujours procéder à tâtons en expérimentant diverses activités, mais vous risquez ainsi d'accumuler frustrations et déceptions. Par exemple, vous pourriez découvrir, après avoir dépensé argent et énergie, que vous n'êtes pas fait pour le yoga, que le jogging est trop dur pour vos genoux ou que le golf prend trop de votre temps. Votre choix devrait plutôt être basé sur vos goûts, vos besoins et vos capacités. Seule une activité qui réunit tous ces **facteurs de motivation** vous conviendra. À vous de découvrir ce bijou !

VOS GOÛTS

Les études sur la persévérance sont formelles : le plaisir devrait être le premier critère de sélection d'une activité physique. Or, une activité plaisante, c'en est d'abord une qu'on a le goût de pratiquer. Monter et descendre la même marche pendant 20 minutes, trois fois par semaine, va certes améliorer votre endurance cardiovasculaire, mais cela vous amusera-t-il vraiment ? Il se pourrait que la danse aérobique, la natation ou le vélo vous donnent plus de plaisir, tout en vous permettant d'obtenir les mêmes résultats. Si vous aimez les sensations fortes, n'allez pas vers le tai-chi. Vous aurez plus de frissons en faisant du deltaplane ou du vélo-cross. Si, au contraire, vous voulez pratiquer une activité calme, à déroulement lent, va pour le tai-chi. En somme, demandez-vous quel type d'activité vous préférez.

Un conseil cependant : ne sous-estimez pas la force de votre **tempérament**, car il peut être une source de motivation comme une cause d'abandon. Par exemple, si vous êtes du genre impatient, tenez compte du fait que la maîtrise technique d'activités comme le tennis ou le golf exige justement une bonne dose de patience. Si vous avez un tempérament d'artiste ou de créateur, choisissez le ballet jazz plutôt que la corde à sauter ! Et si vous ne supportez pas la compétition sportive, votre choix devrait s'orienter vers des activités où vous n'êtes opposé à aucun adversaire, comme la marche sportive, le cyclisme, le yoga ou encore le patin à roulettes.

VOS BESOINS

Ce qui est merveilleux avec l'activité physique, c'est qu'elle permet de joindre l'utile à l'agréable, autrement dit de s'amuser tout en améliorant sa santé. Cependant, il faut pour cela que l'activité choisie réponde à certains besoins liés à la santé. Ces besoins, *d'ordres physique, émotionnel et social,* sont variés : besoin de se détendre, d'apprendre à mieux respirer, de corriger sa posture, de rencontrer des gens partageant ses intérêts, d'améliorer sa capacité cardiovasculaire, de maigrir, de surmonter sa déprime ou son anxiété, de récupérer à la suite d'une blessure, de mieux équilibrer son diabète, de relever un défi personnel, etc. Par exemple, si vous aimez faire de l'exercice en groupe et que vous avez besoin d'améliorer votre souffle, l'**aéroboxe** (dérivé de la danse aérobique qui utilise les techniques d'entraînement du boxeur), le cyclo-tourisme ou le « **spinning** » (bicyclette stationnaire pratiquée en groupe sous les directives d'un animateur) constituent sûrement de bons choix. Par contre, si vous souhaitez accroître votre force musculaire et que vous ressentez le besoin de le faire seul, pensez plutôt à la musculation.

VOS CAPACITÉS

Une fois que vous avez trouvé une activité qui correspond à vos goûts et à vos besoins, assurez-vous que sa pratique est conforme à vos capacités physiques. L'activité qui vous intéresse pourrait être trop exigeante pour vous en raison d'une faiblesse à l'épaule ou encore d'une restriction associée à un problème de santé (scoliose prononcée, hypotension, allergie au chlore, asthme mal contrôlé, etc.). Par exemple, vous pouvez avoir envie et besoin de faire de la danse aérobique, mais si vos chevilles sont sujettes aux entorses, ce n'est sûrement pas un bon choix. Quoi qu'il en soit, ces limites d'ordre physique ne doivent pas freiner votre motivation ou servir de prétexte à l'inactivité physique. Exception faite de la phase aiguë d'une maladie ou d'une blessure sérieuse, les situations qui interdisent toute activité physique sont plutôt rares. Si on est limité par une incapacité physique à un moment donné, on peut rester actif en diminuant l'intensité de l'effort à fournir ou, en dernier ressort, en changeant d'activité. À présent que vous connaissez les facteurs qui nous motivent à persévérer dans la pratique d'une activité physique, faites votre choix en consultant le tableau 7.1. Vous y trouverez un bref C.V. des activités les plus populaires au Québec.

ZOOM

AVEZ-VOUS LE TEMPS ET... LES SOUS ?

Une des principales raisons qu'invoquent les gens pour justifier leur inactivité physique, c'est le manque de temps. Tenez-en compte quand vous choisirez une activité. Des sports comme le badminton ou le racquetball ne requièrent qu'une heure de votre temps par séance alors que d'autres, comme le ski alpin, le golf ou le ski de fond, peuvent remplir toute une page de votre agenda. Posez-vous une dernière question avant de fixer votre choix: combien l'activité vous coûtera-t-elle? Dans le coût d'une activité physique, il faut considérer non seulement le coût de l'équipement, mais aussi celui des leçons (s'il faut en suivre), les frais d'abonnement ou de location de terrain, etc. Ces coûts peuvent varier énormément d'un sport à l'autre. Par exemple, la natation et la marche sportive ne coûtent pratiquement rien, alors que le ski alpin, la plongée sous-marine ou le golf exigent un porte-monnaie bien garni !

7.1 Le C.V. de quelques activités physiques

TABLEAU

Activités	Endurance cardio-vasculaire	Endurance musculaire	Force musculaire	Flexibilité	Appren-tissage*	Dépense calorique à l'heure**
Aéroboxe, tae-bo	++++	++++	++	+++	moyen	400-700
Arts martiaux vigoureux	++	++	+++	++++	lent	450-600
Badminton	++	++	++	++	moyen	375-750
Canotage (eaux calmes)	++	++	++	+	rapide	375-500
Canotage (eaux vives)	+++	+++	++++	++	lent	450-700
Danse aérobique/step	++++	++++	++	++	rapide	375-750
Escalade	+	+++	+++	++	rapide	300-600
Golf	+	++	++	++	lent	300-450
Hockey sur glace	+++	+++	++++	+++	lent	450-750
Jogging	++++	++++	+	+	instantané	450-1125
Marche sportive	+++	+++	+	+	instantané	300-450
Musculation	+	++	++++	+++	rapide	450-600
Natation (longueurs)	++++	++++	+++	++	lent	450-900
Patin à roulettes	++++	++++	++	++	lent	450-1125
Patin sur glace	+++	+++	++	++	lent	300-600
Randonnée en raquettes	+++	+++	+++	++	rapide	375-750
Saut à la corde	++++	++++	+	+	rapide	600-900
Ski alpin	+	++	+++	++	lent	375-600
Ski de fond	++++	++++	++	++	moyen	750-1200
Soccer	+++	+++	+	+++	moyen	450-750
Squash et racquetball	+++	+++	++	++	moyen	450-900
Surf des neiges	+	++	+++	++	lent	375-600
Tai-chi	+	++	++	++++	moyen	300-450
Techniques de relaxation	+	+	+	++	rapide	150-300
Tennis	++	+++	+++	++	lent	375-750
Tennis de table	++	++	++	++	moyen	300-450
Tir à l'arc	+	++	+	+	moyen	255-300
Yoga	+	+	+	++++	moyen	150-300

Légende : effet très important : ++++   effet important : +++   effet moyen : ++   effet faible : +

* *Il s'agit ici de la rapidité d'apprentissage des activités.*
** *La dépense énergétique varie en fonction du degré d'habileté de la personne, de son poids et de l'intensité de l'effort.*

CHOISIR UN CENTRE D'ACTIVITÉ PHYSIQUE

Il arrive qu'en choisissant une activité, on choisisse tout un environnement. C'est le cas lorsqu'on suit un cours ou qu'on pratique une activité dans un centre d'activité physique. Ces centres, de plus en plus populaires, offrent certains avantages par rapport à la pratique autonome : choix entre diverses activités, choix de salles (gymnase, salle de musculation, salle avec miroirs pour la danse, etc.), présence de spécialistes, service d'évaluation de la condition physique, atmosphère donnant le goût de bouger, possibilité de faire des rencontres intéressantes, sans compter les petits extras comme le bain à remous, le sauna, le restaurant ou la massothérapie. Néanmoins, on peut perdre son argent et son temps si on choisit le mauvais centre. Voici quatre critères à considérer avant de débourser le moindre sou.

La distance

La distance nous ramène au facteur temps. En effet, s'il vous faut une heure pour aller à votre club de santé, vous risquez de sauter des séances et, finalement, de tout laisser tomber. En choisissant un centre situé à moins de 15 ou 20 minutes de votre point de départ, vous augmentez vos chances de persévérer.

Les lieux

Visitez toutes les salles du centre d'activité. Cette visite devrait se faire au jour et à l'heure où vous comptez faire votre séance d'exercice. Vous aurez ainsi une idée juste de l'atmosphère qui règne à ce moment-là. Portez une attention particulière aux points suivants.

Les spécialistes. Y a-t-il un **éducateur physique** sur place pour donner des conseils sur l'utilisation des divers appareils de mise en forme ? Cette personne est-elle dynamique ou amorphe ? Surveille-t-elle les membres ou se tient-elle à l'écart ? Semble-t-elle d'un abord

ZOOM

MILLE ET UNE EXCUSES POUR NE PAS FAIRE D'EXERCICE

Si la plupart des gens abandonnent leur programme d'activité physique par manque de volonté, très peu l'avouent franchement. On invente plutôt toutes sortes d'excuses. Voici un mini-répertoire d'excuses à ne pas utiliser si vous voulez qu'on vous prenne au sérieux :

• Je ne peux pas faire d'exercice parce que je ne suis pas en forme.

• Ma mère m'a dit de ne pas jogger parce que mon utérus va basculer et que mes seins vont pendre.

• L'exercice me donne des courbatures.

• L'activité physique m'épuise.

• Il me reste si peu de battements cardiaques que je ne veux pas les gaspiller en faisant de l'exercice.

• Mon médecin m'a dit que ce n'était pas bon pour moi.

• Je suis toujours coincé dans des embouteillages quand je veux aller au centre.

• Je ne veux pas me casser les ongles.

• Ça me dépeigne !

• Quand je vais au studio de santé, mon ami devient jaloux.

• Ma femme serait fâchée si je perdais mon ventre.

• Je déteste transpirer.

• Mes enfants vont rire de moi lorsqu'ils me verront en short.

• J'ai une verrue plantaire.

À vous d'être crédible maintenant !

---

facile ? Si c'est un cours d'aérobique qui vous intéresse, observez comment il se déroule. Les exercices semblent-ils correspondre à vos capacités physiques actuelles ? La personne responsable du cours est-elle un véritable éducateur ou ne fait-elle qu'exhiber sa superforme ? Est-elle stimulante ? Sachez que la qualité de l'animation est très importante dans ce genre de cours, si on veut persévérer.

Les appareils de mise en forme. Si vous souhaitez vous entraîner sur des appareils de conditionnement physique, examinez
attentivement la salle où ils se trouvent. Celle-ci doit être bien aérée
et assez grande pour éviter qu'on se marche sur les pieds. Une forte
odeur de sueur indique une mauvaise ventilation. Dites-vous également que plus le choix d'appareils est vaste, plus vos chances de
persévérer sont grandes. Les appareils électroniques (très répandus
maintenant) munis d'une console qui vous donne le choix entre
plusieurs types de programmes tout en calculant votre dépense
énergétique et votre pouls à l'effort vous motiveront peut-être
davantage. Si vous avez choisi la musculation pour remodeler votre
corps, le centre devrait mettre à votre disposition une gamme
complète de poids et haltères ou encore d'appareils de musculation.
On devrait trouver, à proximité des appareils, des directives claires
sur leur mode d'utilisation. Une salle de musculation en désordre
(haltères qui traînent sur le sol, collets sans vis, bancs déchirés,
appareils en mauvais état, etc.) révèle un mauvais entretien.

L'achalandage. Les membres doivent-ils faire la queue pour
utiliser les appareils ou les haltères? Si oui, tenez compte de
ce temps d'attente dans votre décision finale. Allez faire un tour
dans les vestiaires. Les gens y sont-ils entassés comme des sardines?
Y a-t-il suffisamment de douches? S'il y en a peu, cela signifie
encore du temps d'attente. Sont-elles propres? Sinon, gare au pied
d'athlète!

Le personnel

Votre visite s'achève et vous avez aimé ce que vous avez vu et
entendu; il est alors temps de finir votre « enquête » en posant
quelques questions précises à un employé du centre. Demandez-lui
si on peut évaluer votre condition physique et vous proposer
ensuite un programme de mise en forme personnalisé. Si oui (ce qui
est un atout pour le centre), ce service est-il gratuit ou en surplus?
Va-t-on vous faire remplir un questionnaire pour déterminer si vous
présentez des risques sur le plan cardiovasculaire ou articulaire?

Informez-vous également sur la formation des membres du personnel. Idéalement, ceux-ci devraient être diplômés en éducation physique ou en kinanthropologie (science de l'homme en mouvement) ou, à tout le moins, être étudiants dans ces domaines.

Les signes suspects

Les indices suivants peuvent vous aider à repérer les centres qui pensent davantage à faire du profit qu'à offrir de bons services à leurs membres :

- On hésite à vous donner des prix au téléphone, mais on vous incite fortement à venir sur place pour en discuter.

- On ne vous permet pas d'essayer gratuitement les installations du centre, de visiter les lieux ou encore de parler avec le personnel.

- On insiste pour que vous signiez rapidement un contrat d'abonnement ou on vous fait un rabais de dernière minute, valable pour un jour seulement.

- On essaie de vous vendre un abonnement à long terme en faisant miroiter une économie d'argent substantielle. Certains centres comptent en fait sur le fort taux d'abandon (ils savent que 30 à 40 % des gens abandonnent après quelques semaines) pour pouvoir offrir des places à d'autres nouveaux membres !

FAIRE DE L'EXERCICE CHEZ SOI

Vous pouvez aussi choisir de faire de l'exercice chez vous. Terminés, les déplacements ! Vous vous entraînez quand vous voulez et vous n'avez plus à attendre pour prendre une douche ou vous sécher les cheveux. Vous ne payez pas de frais d'adhésion ni de déplacement, vous épargnez sur l'achat de vêtements (quand on va dans un centre, on dépense davantage pour les vêtements d'exercice) et vous faites des économies de temps. Ces épargnes amortiront en quelques mois l'achat d'un exerciseur domestique ou de plusieurs vidéocassettes d'exercice.

Le choix d'un exerciseur domestique

Si vous optez pour un exerciseur, prenez le temps de bien le choisir afin d'éviter qu'il se retrouve au placard au bout de deux semaines. Ce serait faire un mauvais achat que de vous équiper d'une bicyclette stationnaire si vous aimez plus ou moins pédaler, ou d'un rameur si vous avez des problèmes de dos. Si la dépense énergétique est pour vous un facteur important, le tableau 7.2 (p. 156) pourra faciliter votre choix. Considérez aussi l'espace dont vous disposez. S'il vous faut toujours déplacer le canapé pour installer l'escalier d'exercice, votre motivation pourrait faiblir rapidement. Même si vous possédez un appareil pliant, sachez qu'il prend de la place... une fois déplié ! Pour éviter ce problème, prévoyez une surface minimale de 1,5 mètre sur 2. Quant au prix à payer pour acquérir l'appareil qui vous gardera en forme, vous pouvez l'estimer en consultant les cahiers publicitaires des grandes surfaces ou des magasins d'articles de sport. Notez les caractéristiques des différents modèles annoncés et comparez les prix. Un conseil : méfiez-vous des appareils bas de gamme à prix d'aubaine. Fabriqués à la hâte, ces appareils se brisent souvent et augmentent les risques d'accidents. En outre, ils sont plus bruyants et plus difficiles à manœuvrer que les appareils de bonne qualité. La figure 7.1 présente quelques appareils de mise en forme populaires.

Le magasinage. L'heure du magasinage venue, visitez au moins deux détaillants qui vendent plusieurs modèles de l'appareil qui vous intéresse, afin de pouvoir les comparer. Les grandes surfaces, les magasins d'articles de sport et les magasins spécialisés dans la vente d'appareils de conditionnement physique offrent généralement un grand choix de modèles à différents prix.

Une fois dans le magasin, n'hésitez pas à essayer l'appareil ; c'est le meilleur moyen de vérifier son niveau de bruit, sa maniabilité, sa

FIGURE **7.1**

Bicyclette stationnaire   **Machine à mouvement elliptique**

Escalier d'exercice   **Tapis roulant**

QUELQUES APPAREILS DE MISE EN FORME TRÈS POPULAIRES

Pour la pratique sécuritaire et agréable d'une activité physique

Nombre approximatif de calories dépensées en une heure d'exercice modéré			
Masse corporelle (kg)	Tapis roulant	Escalier d'exercice	Bicyclette stationnaire
50	540	470	420
60	650	580	510
70	785	700	625
80	910	860	730
90	1150	1000	895

solidité et sa stabilité. L'exerciseur doit être ajustable à votre taille ; s'il ne l'est pas, passez à un autre modèle. Il doit également offrir une résistance graduée pouvant vous faire travailler à une intensité cardiovasculaire suffisante ; le modèle « pas cher » ne respecte pas toujours ce critère. En outre, il faut éviter d'acheter un appareil qui comprend beaucoup de pièces en plastique, car elles ont tendance à se briser, surtout si on déplace souvent l'appareil. Par ailleurs, vous devriez évaluer la qualité du métal ; plus il est mince, moins il est solide. Les joints devraient être soudés plutôt que vissés (les vis se desserrent à la longue). Rappelez-vous aussi qu'un appareil muni de roulettes se déplace plus facilement.

Un tableau de bord sophistiqué avec module d'autoprogrammation (programmes d'exercices préétablis) augmente le coût de l'appareil et n'est pas nécessaire pour faire de bons entraînements. Il peut néanmoins favoriser la motivation. À vous de trancher. Enfin, les fabricants sérieux offrent une garantie d'au moins un an sur les pièces et la main-d'œuvre.

L'utilisation de l'exerciseur

Votre nouvel exerciseur est enfin en place ; il ne vous reste plus qu'à l'utiliser. Pour vous assurer des séances d'exercice efficaces et agréables, vous devez suivre les trois étapes suivantes.

Ajuster l'appareil à sa taille. Sur la bicyclette stationnaire, cela signifie ajuster la position des guidons et la hauteur du siège. Un siège trop bas épuise les cuisses ; trop haut, il fait pédaler sur la pointe des pieds. Un ajustement approprié permet une légère flexion de la jambe lorsque le pédalier est en bas. Sur le rameur, on ajuste le siège de façon que les jambes soient encore légèrement fléchies à la fin du mouvement de recul et, ce qui est très important, on attache solidement ses pieds dans les cale-pieds. Sur le simulateur de ski de fond, on règle la longueur des bâtons à la hauteur des aisselles. Le tapis roulant et l'escalier d'exercice n'exigent pas d'ajustement particulier en fonction de la taille.

Faire un échauffement. On commence la séance d'exercice par un échauffement sur l'appareil, à basse vitesse et faible résistance. Par exemple, sur la bicyclette stationnaire, on pédalera lentement pendant trois ou quatre minutes en appliquant très peu de résistance.

Ajuster la résistance. On doit ajuster la résistance de l'appareil afin d'atteindre sa fréquence cardiaque cible (chapitre 6). Lors de la première séance, il faut généralement procéder par essais et erreurs avant de trouver la résistance voulue.

Les vidéocassettes d'exercice

Les vidéocassettes d'exercice sont de plus en plus populaires auprès de ceux qui souhaitent faire de l'exercice à la maison. Malheureusement, les exercices qu'on y présente ne respectent pas toujours les règles en matière d'efficacité et de sécurité, et sont même parfois peu recommandables. Ici encore, on devra prendre les précautions nécessaires afin de s'assurer que l'on fait un bon choix.

Prenez d'abord connaissance des renseignements fournis sur la boîte de présentation de la vidéocassette. Ces renseignements devraient préciser à qui s'adresse le programme (niveau débutant, intermédiaire ou avancé) ; contenir une mise en garde concernant l'aptitude à faire certains exercices sans risque pour sa santé ; préciser les objectifs visés (raffermissement musculaire, amélioration de l'endurance cardiovasculaire, perte de tissu adipeux, flexibilité, etc.) ainsi que les éléments du programme et leur durée ; et contenir une liste des accessoires requis (bandes élastiques, chaise, banc d'exercice, etc.).

La formation et la compétence de l'animateur devraient aussi être clairement indiquées. S'agit-il d'un spécialiste en éducation physique ou simplement d'une vedette de cinéma qui profite de sa popularité pour vendre son produit ? Méfiez-vous de la boîte de présentation avare d'information pertinente, mais qui vous en met plein la vue avec des gros plans de la vedette.

Quant au contenu, rappelez-vous que tout bon programme d'exercice doit inclure une période d'échauffement de 8 à 10 minutes, une période d'exercices spécifiques d'au moins 15 minutes (il s'agit généralement d'exercices aérobiques ou de musculation) et une période de retour au calme d'au moins 5 minutes. Pour les exercices aérobiques, on doit insister sur le respect de sa fréquence cardiaque cible (chapitre 6). L'animateur doit aussi inciter les participants à arrêter l'exercice si une douleur intense ou inhabituelle apparaît, et à respecter leurs limites physiques. Lorsqu'elle répond à ces exigences, la vidéocassette d'exercice peut constituer un moyen efficace et économique de se garder en forme chez soi.

BILAN 6

mon choix d'activités physiques

Pourrait-on imaginer un individu qui, désireux d'améliorer son alimentation, se mettrait à manger des aliments santé dont il n'aimerait pas le goût ? L'activité physique ne devrait pas, elle non plus, être bénéfique seulement pour la santé ; elle doit aussi être une source de motivation et de plaisir. *On doit avoir envie d'en faire une autre fois, puis une autre encore, jusqu'à ce qu'elle devienne une habitude de vie.*

Avant de choisir une activité qui vous convienne et vous motive, vous devez d'abord prendre conscience de vos goûts, de vos besoins, et de votre disponibilité ; les quatre tableaux suivants devraient vous y aider. Notez les activités associées à chacune des assertions que vous aurez cochées. Quant à votre condition physique (chapitre 4), vous devez certes en tenir compte dans votre choix, mais pas au point d'éliminer des activités dont vous pourriez ajuster l'intensité et la durée en fonction de vos capacités. En fait, les seules véritables contre-indications sont associées à des blessures, à des anomalies congénitales ou à des maladies. Si cela vous concerne, consultez un médecin spécialisé en médecine sportive ; il pourra vous suggérer des activités qui respectent votre état de santé.

Le recoupement de vos choix dans chacun des tableaux devrait vous permettre de repérer une ou plusieurs activités qui vous conviennent particulièrement. Le tableau 7.1 présente quelques caractéristiques des activités les plus populaires présentement.

A. DÉTERMINER MES CAPACITÉS

Je suis...	✓	Quelques suggestions
1. en bonne santé mais pas en forme.	✓	Choisissez votre activité en fonction de vos goûts, de vos besoins, de votre budget et de votre disponibilité, mais *commencez progressivement*. Attention : si l'activité choisie est d'intensité élevée, *mettez-vous d'abord en forme* avant de la pratiquer.

2. en bonne santé et en forme.	✓	Tant mieux pour vous ; vous n'avez qu'à choisir selon vos goûts, vos besoins, votre budget et votre disponibilité.
3. handicapé par une blessure ou une maladie (asthme, arthrite, diabète, maladie cardiaque, etc.).		Consultez d'abord votre médecin, votre physio-thérapeute ou votre éducateur physique avant de vous lancer dans la pratique d'une nouvelle activité physique, surtout si elle est d'une intensité moyenne à élevée.

B. DÉTERMINER MES GOÛTS

Je préfère...	✓	Quelques suggestions
4. les activités qui se pratiquent indivi-duellement.	✓	Marche, jogging, ski de fond, ski alpin, surf des neiges, raquette, vélo, golf, musculation, patin à roulettes ou à glace, relaxation, etc.
5. les activités qui favorisent les contacts sociaux.		Sports d'équipe (volley-ball, basket-ball, soccer, hockey, ringuette, handball, balle molle, etc.), événements de masse (marathon, randonnée cycliste en groupe, triathlon, etc.), spinning, danse aérobique, tae-bo, arts martiaux, etc.
6. les activités à forte dépense énergétique (plus de 700 calories à l'heure).		Squash, racquetball, badminton, tennis, vélocross, ski de fond en montagne, danse aérobique, aéroboxe, tae-bo, kickboxing, jogging rapide, soccer, hockey, ringuette, etc.
7. les sports de combat.		Arts martiaux, escrime, boxe, lutte gréco-romaine, etc.
8. les gymnastiques douces.		Méthodes de relaxation, tai-chi, yoga, méthode Alexander ou Feldenkrais, etc.
9. les activités où il y a de la compétition.		Tous les sports où on affronte un ou plusieurs adversaires.
10. les activités où je peux exprimer ma créativité à l'aide de mon corps.		Danse classique, danse moderne, ballet jazz, danse aérobique, patinage artistique, etc.

11. les activités à sensations fortes.	Deltaplane, descente de rapides, escalade de glace, parachutisme, ski à voile sur un lac, planche à voile en mer, etc.
12. l'activité physique non structurée.	Toute activité physique qu'on fait à la maison, au travail ou dans ses loisirs peut être considérée ici.
13. les activités qui se pratiquent dans la nature.	Escalade, randonnée pédestre, descente de rapides, ski de fond, raquette, vélo de montagne, voile, planche à voile, ski nautique, plongée sous-marine, équitation, golf, etc.
14. m'entraîner chez moi.	Exerciseurs cardiovasculaires, vidéocassettes d'exercice, émissions de mise en forme à la télévision, corde à sauter, etc.

C. DÉTERMINER MES BESOINS

J'ai besoin...	✓	Quelques suggestions
15. d'améliorer mon endurance cardio-vasculaire et musculaire.	√	Marche sportive, jogging, ski de fond, vélo, patin à roulettes, exerciseurs cardio-vasculaires, vidéocassettes d'exercice, natation, soccer, water-polo, etc.
16. d'améliorer ma force musculaire.	√	Musculation, escalade, canot, vélo de montagne, arts martiaux, hockey, etc.
17. d'améliorer ma souplesse.		Yoga, Feldenkrais, ballet jazz, danse moderne, exercices d'étirement, etc.
18. de diminuer mes réserves de graisse et mon ratio taille/hanches.	√	Marche rapide, jogging, vélo à vitesse modérée, ski de fond, natation, raquettes, combiné cardiovasculaire et musculation, etc.
19. d'améliorer ma posture.		Danse classique ou moderne, ballet jazz, danse populaire, méthodes posturales (méthode Mézières, rolfing), etc.
20. d'améliorer ma capacité de me détendre.		Méthodes de relaxation (Jacobson, training autogène, massages, etc.), l'activité physique en général.

21. de contacts sociaux.	Voir 5.
22. de me retrouver seul.	Voir 4.
23. de me retrouver dans la nature.	Voir 13.
24. de sensations fortes.	Voir 11.
25. d'échapper à une structure trop rigide.	Voir 12.

D. ÉVALUER LE TEMPS DONT JE DISPOSE

Pour une séance d'activité physique, je peux consacrer...	✓	Quelques suggestions
26. moins de 30 minutes.		Marche rapide, jogging, exerciseurs cardiovasculaires, corde à sauter, etc.
27. entre 30 et 60 minutes.		En plus des activités mentionnées ci-dessus : squash, racquetball, badminton, danse aérobique, danse sociale, volley-ball, patins à roulettes et à glace, tennis de table, vélo sur route, gymnastiques douces, escrime, tir à l'arc.
28. une à deux heures.		En plus des activités mentionnées ci-dessus : tennis, hockey, arts martiaux, sports d'équipe.
29. plus de deux heures.		Golf, ski de fond, ski alpin, surf des neiges, activités de plein air (planche à voile, escalade, canot, équitation, etc.).

Mes trois
premiers choix

1. _____

2. _____

3. _____

CHAPITRE 8

Se préparer à l'action

Partiriez-vous en vacances sans mettre l'essentiel dans vos bagages ? Probablement pas. Pourtant, certaines personnes se lancent dans une activité physique avec des chaussures qui leur donnent mal aux pieds et des vêtements qui irritent la peau ou qui les font suer comme si elles étaient dans un sauna. Il va sans dire qu'elles ne se sont pas non plus échauffées ni hydratées.

Vous l'aurez deviné : il faut un minimum de **préparation** pour pratiquer une activité physique de manière agréable et sécuritaire. La complexité de cette préparation varie en fonction de l'activité pratiquée, de sa durée et du temps qu'il fait. Par exemple, pour une séance de marche ordinaire de 15 minutes par beau temps, la préparation est plutôt courte : on n'a qu'à se lever et à marcher. Par contre, pour une sortie de plongée sous-marine, une descente de rapides ou une longue randonnée de ski de fond, la préparation sera autrement plus élaborée. Elle touchera l'habillement, les chaussures, l'échauffement du corps et son retour au calme, la protection de la peau, l'hydratation et l'alimentation. Ces deux derniers points seront abordés dans le prochain chapitre.

L'HABILLEMENT : UNE QUESTION DE TEMPÉRATURE

Au repos, la température du corps est d'environ 37 °C. La chaleur dégagée par l'organisme provient en grande partie de l'activité des organes vitaux, en particulier le cœur, le foie et le cerveau. Les muscles fixés au squelette fournissent tout de même 20 à 30 % de la chaleur corporelle. Dès qu'on passe du repos à l'effort physique,

ZOOM

LES DANGERS DE LA CHALEUR

Lorsqu'il fait trop chaud, une évacuation insuffisante de la chaleur du corps peut provoquer des crampes de chaleur, de l'épuisement par la chaleur ou un coup de chaleur.

Les crampes de chaleur apparaissent habituellement dans les muscles utilisés pendant l'exercice. Le traitement est simple : il faut s'arrêter, étirer le muscle noué par la crampe et boire de l'eau (elle peut être légèrement salée).

L'épuisement par la chaleur est un problème plus sérieux que la crampe. Ses signes sont une fatigue extrême, de l'essoufflement, des étourdissements, de la nausée, une peau moite et fraîche et un pouls faible et rapide. Le traitement consiste à refroidir la personne en lui faisant boire notamment des liquides froids.

Le coup de chaleur est le plus grave des incidents causés par la chaleur. Il peut même entraîner la mort. En fait, c'est une urgence médicale qui requiert l'intervention immédiate d'un médecin. Il se caractérise par une température corporelle élevée (plus de 40 °C), une absence de sudation, une peau souvent sèche et chaude, une hypertension inhabituelle, un comportement bizarre, de la confusion et une perte de conscience. Le traitement immédiat vise à refroidir rapidement la personne dans un bain d'eau froide ou de glace, à l'envelopper dans un drap humide et à la ventiler.

la situation change radicalement. La quantité de chaleur produite par les muscles actifs peut alors devenir de 30 à 40 fois supérieure à celle que produit le reste de l'organisme. De fait, *les muscles au travail sont, de loin, les plus gros producteurs de chaleur.* Voilà pourquoi on a chaud quand on fait de l'exercice et pourquoi on doit s'habiller en conséquence.

S'habiller par temps chaud

Par temps chaud ou à l'intérieur, il faut s'habiller légèrement afin de faciliter l'évacuation de la chaleur produite par les muscles. Ce n'est donc pas le moment de porter un lourd survêtement qui couvre pratiquement tout le corps. Tricot à manches courtes et short sont le meilleur choix. Ces vêtements devraient être amples, pour faciliter la circulation de l'air. Au soleil, portez des vêtements de couleur pâle, car le blanc réfléchit la lumière alors que le noir l'absorbe. Si le temps est très chaud et surtout humide, réduisez l'intensité et la durée de vos efforts pour éviter la déshydratation (chapitre 9). Dans ces conditions, il est même parfois préférable de ne pratiquer aucune activité physique. Le tableau 8.1 vous aidera à repérer les températures auxquelles il vaut mieux se tenir à l'ombre ou se baigner.

S'habiller par temps froid

Par temps froid, les muscles produisent toujours beaucoup de chaleur, mais ils la perdent plus facilement que par temps chaud. Il faut donc s'habiller chaudement mais pas trop et pas n'importe comment. Quand il fait froid, appliquez le **principe de la pelure d'oignon** : portez plusieurs couches de vêtements assez amples qui enferment l'air et procurent une bonne isolation.

La première couche de vêtements doit vous garder au sec en absorbant l'humidité produite par la transpiration. C'est l'équivalent du pare-vapeur dans les murs d'une maison. Les sous-vêtements en polypropylène (une sorte de polyester) ou en flanelle, une laine douce qui, même mouillée, ne perd pas ses qualités isolantes, sont recommandés. Laissez le coton dans la commode ; une fois mouillé, il glace la peau.

La deuxième couche de vêtements comprend parfois deux ou trois épaisseurs et sert d'isolant contre le froid. C'est l'équivalent de la laine minérale dans les murs. Le vêtement idéal contient une

8.1

TABLEAU

Les températures dangereusement chaudes

		Température ambiante (°C)									
		21	24	26	29	32	35	38	40	43	46	49
		Température équivalente (°C)										
Humidité relative (%)	0	18	21	23	25	28	30	33	35	37	39	42
	10	18	21	24	26	29	32	35	38	40	43	47
	20	19	23	25	27	30	34	37	40	43	49	54
	30	20	24	26	28	32	36	40	45	50	57	64
	40	20	24	26	29	34	39	43	50	58	66	
	50	21	24	27	30	36	42	49	57	65		
	60	21	25	28	32	38	45	55	65			
	70	22	25	29	34	41	51	62				
	80	22	26	30	36	45	58					
	90	23	26	30	40	50						
	100	23	27	33	42							

LÉGENDE

Risque de crampes de chaleur

Risque élevé de crampes et d'épuisement par la chaleur

Risque élevé de coup de chaleur

fibre isolante (laine, laine polaire, polyester). Soulignons que la laine polaire est une fibre écologique fabriquée à partir de bouteilles de verre recyclées.

La troisième couche de vêtements sert à la fois de coupe-vent, d'imperméable et de déshumidificateur (l'humidité produite par la transpiration doit pouvoir sortir). Elle équivaut au revêtement extérieur de la maison. Les ensembles deux pièces (anorak et pantalon) ou une pièce (combinaison) contenant une **fibre synthétique imperméable** (goretex, conduit, activent, sympatex, etc.)

offrent une protection maximale contre le froid, l'eau et l'humidité. Considérez la combinaison si vous pratiquez un sport qui vous expose à la morsure du vent, comme le ski alpin ou la voile sur glace. La combinaison crée un effet « cheminée » qui force la chaleur produite par les muscles à remonter vers le haut du corps. Selon l'activité, la troisième couche sera plus ou moins épaisse et étanche. Par exemple, elle sera très légère en ski de fond, parce qu'on produit beaucoup de chaleur, tandis qu'elle sera plus chaude et étanche en ski alpin, à cause de l'effet refroidissant du vent.

Les zones sensibles. Si le principe de la pelure d'oignon convient parfaitement au corps, il n'est pas approprié pour les extrémités. On ne peut quand même pas porter trois paires de chaussettes, trois paires de gants et trois tuques ! Ces parties du corps exigent une protection vestimentaire différente.

Commençons par les pieds, puisqu'ils sont souvent les premières victimes du froid. Même à −20 °C, les pieds transpirent si on fait un exercice intense. Par conséquent, enfilez des bas qui gardent les pieds au sec et au chaud. La chaussette de laine avec ou sans acrylique (l'acrylique accélère le séchage) et la chaussette composée de fibres synthétiques comme le polypropylène et le thermastat remplissent cette double fonction. Attention aux bottes. Trop petites, elles sont inconfortables et favorisent les engelures. Pour trouver celles qui vous conviennent, essayez-les au magasin avec les chaussettes que vous portez habituellement. Il devrait y avoir un espace de 1 ou 2 cm entre le bout de l'orteil le plus long et la pointe de la botte. La même règle s'applique pour le choix de patins.

Pour protéger vos mains du froid, vous pouvez porter des gants plutôt que des mitaines si l'activité pratiquée nécessite une bonne dextérité. On trouve aujourd'hui sur le marché des gants imperméables très bien isolés. Pour les sports où la dextérité est secondaire (patin, glissade, raquette, etc.), vous avez le choix entre les mitaines ou les gants.

Contrairement aux pieds et aux mains, la circulation sanguine dans la tête ne diminue jamais par temps froid ; heureusement d'ailleurs, sinon on se gèlerait le cerveau ! Cela explique pourquoi la tête, même si elle ne représente que 8 % de la surface corporelle, peut faire perdre de 30 à 40 % de la chaleur produite par le corps ! Le couvre-chef (tuque, bandeau, etc.) est donc de rigueur. Par temps très froid, on peut protéger son visage en portant une cagoule. Pensez aussi à protéger du froid votre cou, vos aisselles, vos côtes et vos aines, car la perte de chaleur est importante dans ces régions. Enfin, s'il fait un froid sibérien (tableau 8.2) et que le risque d'engelures est très élevé, il est sans doute préférable d'annuler votre sortie.

8.2 TABLEAU — Les températures dangereusement froides

Vitesse du vent (km/h)	Température ambiante (°C) 4	2	−1	−4	−7	−9	−12	−15	−18	−21	−23	−26	−29	−32	−34
	Température équivalente (°C)														
0	4	2	−1	−4	−7	−9	−12	−15	−18	−21	−23	−26	−29	−32	−34
8	3	1	−3	−6	−9	−11	−14	−17	−20	−24	−26	−29	−32	−35	−37
16	−2	−6	−9	−13	−15	−19	−23	−26	−29	−33	−36	−39	−43	−48	−50
24	−5	−9	−12	−17	−20	−24	−28	−32	−38	−40	−43	−46	−50	−54	−57
32	−8	−11	−16	−20	−23	−27	−32	−35	−39	−43	−47	−51	−55	−60	−63
40	−9	−14	−18	−22	−26	−30	−34	−38	−42	−48	−51	−55	−59	−64	−67
48	−10	−15	−19	−24	−28	−32	−36	−40	−44	−49	−53	−57	−62	−66	−70
56	−12	−16	−20	−25	−29	−33	−37	−42	−45	−51	−55	−58	−63	−68	−72
64	−13	−17	−21	−26	−30	−34	−38	−43	−47	−52	−56	−60	−65	−70	−74

LÉGENDE

Faible risque d'engelures
Risque d'engelures
Risque élevé d'engelures et d'hypothermie

TROUVER CHAUSSURE À SON PIED

On a tendance à l'oublier, mais les pieds encaissent leur lot de coups quand on pratique une activité physique. Par exemple, après 30 minutes de jogging ou de danse aérobique, vos pieds auront frappé le sol des centaines de fois! Si vous portez des chaussures de piètre qualité, trop petites ou trop grandes, vous pouvez vous retrouver avec des ampoules, des ongles noirs et des cors. Une bonne chaussure de sport doit être confortable, durable et bien aérée, c'est-à-dire offrir suffisamment d'espace pour les orteils, comprendre une languette, un col et une semelle intérieure dotés de généreux coussinets, être faite de matériaux de qualité, comporter une semelle extérieure adhérente et résistante à l'abrasion, et être pourvue d'une empeigne qui laisse filer la chaleur (figure 8.1).

Cependant, toute bonne chaussure n'est pas nécessairement appropriée; *la chaussure doit être choisie en fonction de l'activité que l'on pratique*. Si vous jouez au squash avec une chaussure de jogging (même d'excellente qualité), vos chevilles risquent l'entorse, puisque ce type de chaussure n'est pas conçu pour les déplacements latéraux et vifs propres au squash. Cependant, si vous pratiquez plusieurs activités physiques, vous pourriez acheter une **chaussure multisport.** Il s'agit d'un modèle passe-partout conçu pour la pratique de plusieurs sports. Pourvue de coussinets et d'un support latéral plus que convenable, la chaussure multisport encaisse tant les sauts que les déplacements latéraux et constitue donc un bon achat pour les sportifs indécis ou pour ceux qui aiment la variété. Son seul défaut: elle coûte cher! Le tableau 8.3 présente les caractéristiques des principaux types de chaussures de sport qu'on trouve sur le marché.

Le magasinage

Voici quelques conseils pour vous aider à trouver la bonne chaussure, celle qui conviendra à votre pied comme à votre budget.

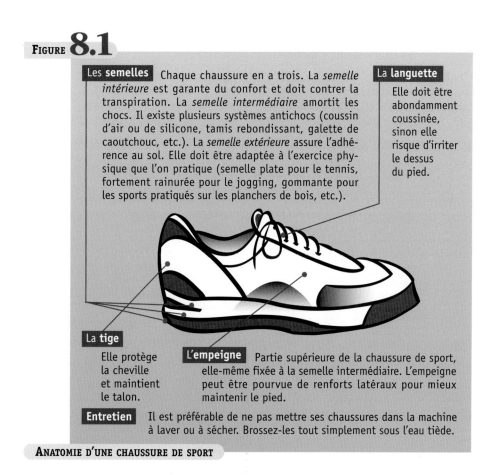

FIGURE 8.1

Les semelles Chaque chaussure en a trois. La *semelle intérieure* est garante du confort et doit contrer la transpiration. La *semelle intermédiaire* amortit les chocs. Il existe plusieurs systèmes antichocs (coussin d'air ou de silicone, tamis rebondissant, galette de caoutchouc, etc.). La *semelle extérieure* assure l'adhérence au sol. Elle doit être adaptée à l'exercice physique que l'on pratique (semelle plate pour le tennis, fortement rainurée pour le jogging, gommante pour les sports pratiqués sur les planchers de bois, etc.).

La languette Elle doit être abondamment coussinée, sinon elle risque d'irriter le dessus du pied.

La tige Elle protège la cheville et maintient le talon.

L'empeigne Partie supérieure de la chaussure de sport, elle-même fixée à la semelle intermédiaire. L'empeigne peut être pourvue de renforts latéraux pour mieux maintenir le pied.

Entretien Il est préférable de ne pas mettre ses chaussures dans la machine à laver ou à sécher. Brossez-les tout simplement sous l'eau tiède.

ANATOMIE D'UNE CHAUSSURE DE SPORT

- Magasinez toujours en fin d'après-midi, quand vos pieds sont légèrement enflés. Sinon, vous risquez d'acheter une chaussure qui se révélera trop serrée.

- N'hésitez pas à vous rendre dans deux ou trois magasins pour comparer les prix et les commentaires des vendeurs.

- Faites mesurer vos deux pieds puisqu'ils ne sont pas nécessairement de la même largeur. Déterminez la pointure en fonction du pied le plus large. Plusieurs fabricants offrent maintenant des modèles de différentes largeurs.

- Portez vos chaussettes d'exercice habituelles au moment de l'essayage.

8.3

Caractéristiques de quelques chaussures de sport	
Activité	**Principales caractéristiques**
Danse aérobique et step	Ultralégère, bonne stabilité latérale, semelle dotée de bons coussinets au talon et sous la plante du pied, très flexible au niveau des orteils.
Golf	Stable, imperméable, semelle munie de crampons fixes ou amovibles.
Jogging	Très légère, talon surélevé et doté de bons coussinets, semelle antidérapante à rainures profondes et coupe biseautée au niveau du talon.
Marche sportive	Talon un peu plus bas que la chaussure de jogging, semelle très flexible au niveau des orteils.
Randonnée pédestre	Chaussure de type bottine, hydrofuge, semelle antidérapante à rainures profondes, intérieur très confortable.
Sports sur plancher de bois verni (badminton, squash, racquetball, volley-ball, etc.)	Semelle gommée très adhérente sur le bois verni.
Tennis	Grande stabilité latérale, variété de semelles conçues pour différents types de courts (terre battue, asphalte, béton, matière synthétique, etc.).
Tous les sports	Stable, semelle antidérapante et bons coussinets au talon (chaussure multisport).

- Une fois chaussé, promenez-vous dans le magasin sur une surface dure (sans tapis) pour bien apprécier l'épaisseur des coussinets. Imitez les déplacements que vous faites quand vous pratiquez l'activité. La chaussure doit être confortable. Une chaussure neuve qui fait mal n'augure rien de bon.

- Si vous portez une **semelle compensée** (orthèse), apportez-la au magasin. Choisissez une chaussure dont la semelle intérieure est amovible (très fréquent aujourd'hui). Remplacez-la par votre orthèse et marchez; vous devez être à l'aise. On trouve aussi sur le marché des modèles de type bottine (trois quarts), qui couvrent tout le tendon d'Achille. On peut y ajouter une orthèse de bonne épaisseur sans risquer que le talon ne sorte de la chaussure lors d'un déplacement brusque.

- Fixez-vous un prix plafond si vous ne voulez pas sortir du magasin avec des chaussures de 120 $ alors qu'un modèle à 60 $ aurait très bien fait l'affaire.

SEPT BONNES RAISONS DE BIEN S'ÉCHAUFFER

Bien habillé et bien chaussé, vous êtes prêt à passer à l'action. Mais ne le faites pas sans vous échauffer au préalable, et ce pour plusieurs bonnes raisons :

1. L'échauffement élève la température du corps, ce qui accroît l'efficacité des réactions chimiques dans les cellules musculaires. C'est, si on veut, un « préchauffage » de l'activité métabolique. La hausse de température provoque aussi une dilatation des vaisseaux sanguins, ce qui amène plus de sang, et donc plus d'oxygène, dans les muscles. Résultat : la cellule musculaire fabrique de l'ATP sans qu'il y ait production d'acide lactique.

2. Les **influx nerveux** se propagent plus rapidement lorsque la température dans le tissu musculaire s'élève. Cela a pour effet d'accroître la coordination et la vitesse des mouvements. Il a été prouvé qu'un bon échauffement peut faire gagner trois secondes à un coureur de 400 m et jusqu'à six secondes à un coureur de 800 m. Pour le commun des mortels, ces quelques secondes n'ont pas beaucoup d'importance, mais elles montrent qu'un muscle « réchauffé » est plus rapide et mieux synchronisé qu'un muscle froid.

3. La chaleur musculaire éclaircit le lubrifiant naturel qui circule dans les articulations (la **synovie**).

4. La chaleur diminue aussi la résistance du tissu conjonctif et musculaire, ce qui favorise l'amplitude articulaire et l'élongation du muscle, deux facteurs qui contribuent à réduire le risque de blessure lors d'un mouvement brusque. En fait, la flexibilité peut augmenter jusqu'à 20 % lorsque le muscle est chaud.

5. L'augmentation graduelle du rythme cardiaque au cours de l'échauffement prépare le cœur à faire face à des efforts plus soutenus. Lors d'une étude menée auprès de 44 sujets âgés de 21 à 52 ans, on a noté des anomalies du rythme cardiaque sur l'électrocardiogramme de 70 % des sujets qui venaient de faire un exercice intense sans échauffement préalable. Par contre, le fait de s'échauffer un peu réduisait ou supprimait ces anomalies.

6. L'échauffement permet aussi aux vaisseaux sanguins du cœur de compter sur une bonne réserve d'oxygène avant un effort plus intense. On peut donc parler d'un effet protecteur de l'échauffement chez les personnes souffrant de problèmes cardiaques.

7. Il semble que l'échauffement aiderait aussi à prévenir les **crises d'asthme** (voir le *Zoom,* p. 175). Enfin, l'échauffement améliore l'attitude mentale, puisqu'on se sent mieux dans un corps chaud que dans un corps froid.

En somme, l'échauffement ménage le cœur et les muscles, améliore la performance et réduit les courbatures et la raideur musculaire du lendemain. On serait bien fou de s'en passer !

L'échauffement type

Ni les pompes, ni les redressements assis, ni les sprints, bref aucun effort intense, n'a sa place dans un échauffement. Ces exercices ne nous échauffent pas, ils nous brûlent ! La meilleure formule pour vous échauffer en douce consiste à combiner exercices aérobiques légers (marche, petit trot, sautillements sur place, vélo à basse vitesse, etc.) et étirements musculaires (figure 8.2). Les premiers élèvent légèrement le pouls tout en provoquant une légère sensation de chaleur. Quant aux seconds, ils préparent les articulations et les tendons à des mouvements beaucoup plus amples que ceux qu'on fait dans la vie de tous les jours. C'est comme si on prévenait les protéines contractiles qu'elles vont être déformées plus que d'habitude.

UN BON ÉCHAUFFEMENT PEUT PRÉVENIR UNE CRISE D'ASTHME !

L'exercice physique, particulièrement par temps froid, peut déclencher une crise d'asthme (rétrécissement des bronches) chez certaines personnes, y compris chez les athlètes de haut niveau. Or, une période d'échauffement d'environ 15 minutes peut réduire et même prévenir une crise provoquée par l'effort physique. C'est ce que révèle une étude conduite par des chercheurs de l'université de la Colombie-Britannique. Pour expliquer ces résultats, les auteurs de l'étude émettent l'hypothèse suivante: pendant un échauffement modéré et suffisamment long (15 minutes), le corps épuiserait les déclencheurs habituels de la crise d'asthme. Ces auteurs croient aussi que certains athlètes pourraient substituer une période de 15 minutes d'échauffement modéré à la prise de médicaments.

La durée de l'échauffement dépend de celle de l'activité et de la température ambiante. Ce serait, par exemple, faire du zèle que de s'échauffer 15 minutes pour faire 20 minutes de jogging. Par contre, si vous courez le marathon, la période d'échauffement peut facilement durer plus de 15 minutes. En général, *on obtient un bon échauffement des muscles en 10 minutes.* La température doit aussi être prise en considération. S'il fait très chaud et humide, l'échauffement sera plus court que d'habitude. Il sera plus long si le temps est frais et on portera un survêtement pour garder sa chaleur. On peut dire que l'échauffement réussi est celui qui permet de commencer l'activité en douceur, sans douleurs musculaires et sans essoufflement précoce.

FIGURE 8.2

Tenir chacune des positions d'étirement pendant 25 secondes.

QUELQUES EXERCICES D'ÉCHAUFFEMENT

Bien se refroidir

Une fois l'activité terminée, prenez quatre ou cinq minutes pour ralentir votre activité métabolique (figure 8.3). Pour ce faire, marchez un peu ; la marche accélère l'évacuation de l'acide lactique accumulé dans les muscles. Puis, étirez un peu vos muscles. Vous pouvez aussi terminer la période de refroidissement en restant allongé sur le sol, muscles détendus, pendant quatre ou cinq minutes. Cette courte détente après une activité physique se traduit généralement par un corps plus frais, un système cardiovasculaire apaisé et des muscles détendus.

FIGURE **8.3**

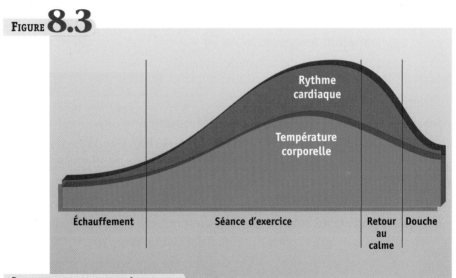

LES COURBES DE LA TEMPÉRATURE ET DU RYTHME CARDIAQUE AU COURS D'UNE SÉANCE D'EXERCICE

PROTÉGER SA PEAU DU SOLEIL

Que ce soit en été ou en hiver, il est impossible de pratiquer des activités de plein air sans exposer une partie de son épiderme aux rayons ultraviolets. Par exemple, un 18 trous au golf, une sortie de ski alpin, de surf des neiges ou encore de planche à voile peuvent facilement s'étaler sur une demi-journée, durant laquelle une partie de votre corps est exposée au soleil. Or, le soleil accélère le vieillissement de l'épiderme et augmente le risque de cancer de la peau. Pour diminuer votre exposition aux rayons ultraviolets, prenez quelques précautions.

Environ 20 à 30 minutes avant l'activité physique, appliquez sur les parties exposées une **crème solaire** dont le FPS (facteur de protection solaire) est de 15 ou plus et qui protège contre les ultraviolets de type A et B (c'est indiqué sur le contenant). Si votre peau est très sensible, choisissez une crème solaire hypoallergique. Mais attention : l'application d'une crème solaire n'est pas une invitation à rester encore plus longtemps au soleil.

Pour protéger votre visage et vos oreilles, portez un chapeau à large bord. Sur les parties du corps où la peau est sensible aux ultraviolets, comme le nez, les paupières, les lèvres, les épaules et le haut des seins, appliquez un **écran solaire** ; il réfléchit 100 % des ultraviolets. Les écrans les plus efficaces sont la pâte d'oxyde de zinc, le dioxyde de titane et la gelée de pétrole rouge. Il ne faudrait pas oublier les yeux, que les radiations solaires peuvent endommager. Assurez-vous que vos lunettes de soleil portent la mention UV-400 ou 100 % UV ou encore 400 nm (nanomètres). Un dernier conseil : évitez, dans la mesure du possible, de pratiquer une activité physique à l'extérieur entre 11 h et 14 h, car c'est le moment de la journée où les rayons ultraviolets sont les plus forts. Pour le reste, un peu de soleil est une bonne chose car il nous apporte, en plus de la chaleur, de la vitamine D.

PRÉVENIR ET SOIGNER LES BLESSURES

Si l'activité physique est bénéfique pour notre santé, elle signifie cependant un risque accru de blessures. Heureusement, la plupart du temps, il s'agit de blessures sans gravité. On peut même bien souvent les prévenir ou les soigner efficacement soi-même. La plupart des blessures associées à la pratique d'une activité physique appartiennent à deux grandes catégories : les blessures aiguës et les blessures chroniques (tableau 8.4).

8.4 Mini-guide de dépannage en cas de blessure

TABLEAU

Blessures	Apparence et symptômes	Premiers soins
Courbatures	Douleur et raideur musculaire de 12 à 36 heures après l'exercice.	Étirement léger, exercice de faible intensité et bain chaud si les courbatures sont sévères.
Crampes musculaires	Douleur, spasme, durcissement du muscle.	Étirement et massage doux de la zone douloureuse pour dénouer le muscle.
Entorses et claquages	Douleur, sensibilité au toucher, inflammation, perte d'usage.	Méthode CERF (voir p. 181), médecin.
Fractures et luxations	Douleur, inflammation, perte d'usage, déformation.	Attelle, froid, médecin.
Point de côté	Douleur aiguë sur le côté de l'abdomen.	Diminuer l'intensité de l'exercice ou l'arrêter complètement, respiration abdominale (chapitre 1) et massage de la zone sensible.
Tendinite	Douleur, sensibilité au toucher, perte d'usage et, parfois, inflammation.	Repos jusqu'à la disparition de la douleur ; ensuite, froid après l'activité et chaleur avant l'activité pour prévenir une récidive.

ZOOM

QUAND LE SOMMEIL VOUS MANQUE

Pour faire face à un agenda de plus en plus chargé, beaucoup de gens n'hésitent pas à sabrer dans leurs heures de sommeil. Or, le manque de sommeil expose à toutes sortes de problèmes : diminution de la mémoire, troubles de la concentration, manque d'énergie, sautes d'humeur, réflexes plus lents, augmentation des risques d'accidents et de blessures, diminution de la résistance à la maladie, etc. Certains individus ne dorment que cinq heures par nuit et s'en portent bien. D'autres ont besoin de 8 heures de sommeil, et les bébés de 16 ! Cependant, la récupération n'est pas qu'une question d'heures de sommeil. Ce qui compte le plus, c'est la qualité du sommeil. Si vous vous levez le matin aussi fatigué que la veille, voici six règles qui pourront vous aider à mieux dormir :

1. Couchez-vous et levez-vous à des heures régulières. Selon la théorie de l'horloge interne, notre corps a besoin d'un horaire fixe pour bien dormir.

2. Si le sommeil ne vient pas au bout de 15 à 20 minutes, levez-vous et prenez un bain chaud ou faites un peu de lecture jusqu'à ce que vous ayez sommeil de nouveau.

3. L'activité physique favorise le sommeil. Alors faites-en régulièrement, mais jamais avant de vous mettre au lit (chapitre 2).

4. Si vous grignotez au cours de la soirée, optez pour une collation légère ou simplement pour un verre de lait. Le lait contient du tryptophane, un acide aminé qui faciliterait le sommeil.

5. L'abus d'alcool en soirée va certes vous faire dormir, mais quel gâchis le matin !

6. Si vous ne parvenez pas à vous endormir parce que vous n'avez pas terminé un travail ou accompli une tâche quelconque, levez-vous et travaillez-y un peu. L'esprit plus libre, vous pourrez vous endormir plus facilement.

Blessures aiguës

La blessure aiguë survient brusquement à la suite d'une chute, d'une collision ou d'un faux mouvement. Elle peut prendre la forme d'une entorse (ligament endommagé), d'un claquage musculaire (déchirure du muscle), d'une rupture de tendon, d'une luxation articulaire (déplacement d'un os hors de son articulation) ou encore d'une fracture. Si jamais vous ou un partenaire êtes victime d'une blessure aiguë, appliquez sans délai la **méthode CERF**, c'est-à-dire Compression (ou attelle), Élévation, Repos et Froid.

Commencez par le repos, en cessant immédiatement toute activité physique. Puis, élevez doucement le membre blessé au-dessus du niveau du cœur. Si c'est la jambe qui est atteinte, étendez-vous sur le sol et surélevez-la à l'aide de vêtements enroulés ou de serviettes. Si c'est le bras, appuyez-le sur une table. Cette manœuvre ralentira l'hémorragie interne. Appliquez ensuite sur la blessure de la glace enveloppée dans une serviette. Ne laissez pas la glace en place plus de 20 minutes à la fois. Répétez une fois ou deux. Le froid réduira l'inflammation. Enveloppez ensuite le membre blessé en exerçant une certaine pression sur la blessure, mais sans empêcher le sang de circuler. Après ces mesures d'urgence, rendez-vous à une clinique médicale ou à l'hôpital, à moins qu'une personne qualifiée considère que la blessure n'est pas grave. En cas de fracture, posez une attelle sur le membre si les circonstances le permettent.

Blessures chroniques

La blessure qui se développe petit à petit est une blessure chronique ou blessure d'usure, causée par une accumulation de micro-traumatismes. Le principal symptôme est une douleur persistante qui apparaît habituellement pendant ou après l'effort. Si vous croyez avoir une blessure chronique, vous devez faire trois choses pour éviter une aggravation de la blessure et guérir rapidement. Tout d'abord, cessez de pratiquer l'activité qui cause la douleur tant et aussi longtemps que celle-ci ne sera pas totalement disparue.

QUATRE QUESTIONS À POSER AVANT DE PASSER SOUS LE BISTOURI

Vous vous êtes blessé ou vous traînez une blessure chronique et voilà que le médecin propose de vous opérer. Avant de dire oui, sachez que 30 à 40 % des opérations seraient inutiles ! Cela fait beaucoup d'incisions, de cicatrices, d'anesthésies et de séjours superflus à l'hôpital, sans compter l'argent gaspillé. Pour savoir si l'opération qu'on vous propose est nécessaire, commencez par vous informer sur votre problème de santé et les traitements existants pour y remédier. Lisez, entrez en contact avec des gens qui ont le même problème que vous ou qui ont subi la même intervention. Une fois informé, n'hésitez pas à poser des questions pointues au chirurgien qui va vous opérer. En voici quatre qui devraient vous aider à prendre une décision éclairée et, qui sait, peut-être à vous éviter une opération inutile.

Que va-t-il arriver si je refuse ou retarde l'opération ? Si le médecin vous démontre noir sur blanc que votre état risque de s'aggraver, alors il vaut sans doute mieux vous faire opérer à la date établie. Mais s'il vous dit que votre état va demeurer stable, la décision de passer maintenant sous le bistouri vous appartient. En cas de doute, il vaut la peine de consulter un autre spécialiste pour obtenir un autre avis.

Combien de temps durera ma convalescence ? Deux jours ? Une semaine ? Un mois ? Par exemple, si on prévoit vous opérer dans les deux pieds en même temps pour des durillons et que vous êtes pressé de retourner au travail ou aux études, sachez que vous ne pourrez pas marcher avant un bout de temps. Dans ce cas, il serait préférable qu'on vous opère un pied à la fois. Au moins vous pourrez vous déplacer, même si ce n'est que sur une jambe.

Y a-t-il des choses que je ne pourrai plus faire ? La réponse est non si on vous enlève, par exemple, un petit morceau de ménisque. Mais si on vous opère pour un tympan perforé (tympanoplastie), préparez-vous à faire une croix sur la plongée sous-marine si vous pratiquez ce sport. Il est donc dans votre intérêt de connaître toutes les séquelles physiques possibles d'une chirurgie.

Comment savoir si le chirurgien est compétent ? Des études ont fait la preuve que plus un chirurgien exécute une même intervention, plus il est habile et meilleurs sont les résultats. Par conséquent, le chirurgien que vous consultez devrait être expérimenté. Demandez-lui, avec doigté, s'il effectue régulièrement l'opération que vous allez subir. Dans les cas d'opérations mineures, mais qui peuvent laisser une vilaine cicatrice, faites appel à un chirurgien plasticien.

Dans l'intervalle, choisissez une activité physique qui ne sollicite pas le membre blessé. Par exemple, si vous souffrez d'une tendinite de l'épaule à cause du badminton, faites du vélo ou de la marche sportive. Vous conserverez votre forme tout en ménageant votre épaule.

Enfin, vous devez trouver la cause de votre blessure si vous voulez éviter une récidive. Une mauvaise technique, le surentraînement ou encore une faiblesse biomécanique (rotule instable, déviation vertébrale, pieds creux, jambes inégales, etc.) peuvent causer une blessure d'usure. Si, en dépit de ces mesures, la douleur persiste, consultez un thérapeute spécialisé dans le traitement des blessures sportives.

CHAPITRE 9

Boire et manger
quand on est
physiquement
actif

Nos muscles sont de formidables machines à fabriquer du mouvement. Grâce à eux, nous pouvons marcher, courir, patiner, sauter, skier, déplacer et soulever toutes sortes d'objets, jouer de la guitare ou du piano, cligner les yeux, écrire, respirer... La cellule musculaire, avec ses protéines contractiles, transforme très efficacement l'énergie fournie par les aliments en énergie mécanique. L'activité biochimique associée à cette transformation provoque cependant une perte d'énergie sous forme de chaleur. Selon la façon dont les experts calculent le **rendement énergétique** du « moteur » musculaire, cette perte d'énergie peut représenter de 20 à 45 % de l'énergie totale libérée par les cellules musculaires. Autrement dit, sur 100 calories dépensées par les muscles, 20 à 45 produisent de la chaleur et non du mouvement.

La sueur qui refroidit

Quand les muscles travaillent peu, cette production de chaleur est si faible qu'elle passe bien souvent inaperçue. Toutefois, dès qu'ils travaillent beaucoup, lors d'une randonnée de ski de fond ou d'une partie de badminton, par exemple, les muscles produisent forcément beaucoup de chaleur (chapitre 8). Si cette chaleur n'est pas dissipée et que le travail musculaire demeure intense, la température du corps peut alors grimper de 1 °C toutes les 5 à 8 minutes. À ce rythme, le corps surchauffe en moins de 15 à 20 minutes, ce qui peut provoquer de sérieux problèmes de santé, comme nous le verrons plus loin. Heureusement, notre corps dispose de plusieurs mécanismes pour se refroidir. Le plus actif de ces mécanismes lors d'une activité physique est la perte de chaleur par évaporation.

L'**évaporation**, c'est le passage d'une substance de l'état liquide à l'état gazeux. Le liquide qui s'évapore de l'organisme est la **sueur.**

Constituée essentiellement d'eau (99 %) et d'un peu de chlorure de sodium (d'où son goût légèrement salé), la sueur est excrétée par deux à quatre millions de **glandes sudoripares,** selon les individus. La quantité de sueur produite dépend de l'intensité et de la durée de l'effort physique. Par conséquent, plus nos muscles travaillent, plus nous avons chaud et plus nous transpirons. Lorsque la sueur arrive à la surface de la peau, sa température est identique à celle du corps (38 à 40 °C en moyenne). Au contact de l'air ambiant, dont la température est généralement plus basse que celle du corps, la sueur s'évapore, ce qui refroidit la peau et, par ricochet, tout le corps. C'est ainsi que nous perdons de la chaleur par évaporation (figure 9.1).

FIGURE **9.1**

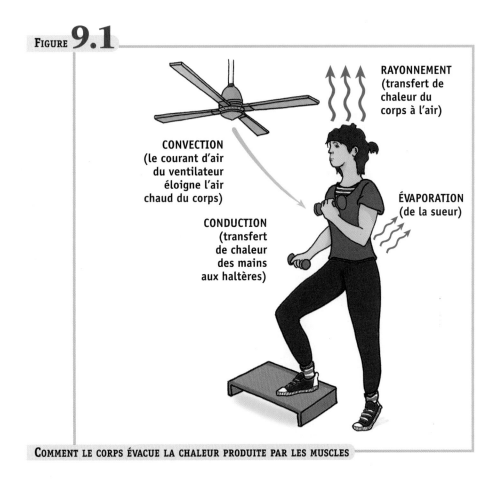

COMMENT LE CORPS ÉVACUE LA CHALEUR PRODUITE PAR LES MUSCLES

Perte d'eau et déshydratation

Perdre de la chaleur, c'est donc perdre de l'eau. Par exemple, on peut facilement excréter un à deux litres de sueur à l'heure lors d'une randonnée à bicyclette par temps chaud. Au cours d'une activité physique intense de longue durée, c'est deux à trois litres d'eau à l'heure que l'on peut perdre. Or, une importante perte d'eau par la transpiration entraîne une baisse de la quantité de sang dans l'organisme, puisque le sang est constitué de plus de 70 % d'eau. Si on a moins de sang, le cœur doit travailler plus fort pour approvisionner les muscles en oxygène, ce qui provoque une élévation du pouls et de la pression artérielle. C'est le début de la **déshydratation**, qui se manifeste par de la fatigue et, parfois, des crampes douloureuses (voir le *Zoom*, p. 165).

Si on continue à perdre de l'eau sans la remplacer, le corps se protège en ralentissant la production de sueur. Résultat : on a de plus en plus chaud et la température du corps ne cesse de monter. Enfin, la sudation cesse complètement, et il se produit une hausse rapide de la température corporelle. Lorsque celle-ci dépasse 41 °C (106 °F), la situation devient critique : la personne, d'abord confuse, finit par délirer et tomber dans le coma : c'est le **coup de chaleur** (voir le *Zoom*, p. 165), un accident heureusement très rare.

BIEN S'HYDRATER

Boire de l'eau est donc important quand on fait travailler ses muscles. Voici quelques conseils pour préserver vos réserves d'eau quand vous pratiquez une activité physique.

Avant l'activité physique

Comme le dit le proverbe, mieux vaut prévenir que guérir. Par conséquent, deux heures avant le début d'une séance d'activité physique, buvez deux verres d'eau (environ 500 mL) afin d'augmenter votre réserve hydrique. Cette précaution permet une hydratation optimale et alloue suffisamment de temps pour éliminer l'excédent d'eau. De plus, la formation d'urine étant ralentie pendant une séance d'exercice, l'envie d'uriner ne risque pas d'interrompre votre activité. *Ne débutez pas une séance d'activité physique avec une sensation de soif,* car cela peut signifier que vous êtes déjà déshydraté.

Pendant l'activité physique

Si l'exercice dure moins de 30 minutes et que le refroidissement du corps est aisé (temps frais et sec, par exemple), il n'est pas nécessaire de boire pendant l'activité, puisque vos pertes d'eau seront minimes. *Au-delà de 30 minutes,* buvez l'équivalent d'un verre d'eau (environ 250 mL) toutes les 15 ou 20 minutes. Cette petite quantité d'eau quitte rapidement l'estomac pour arriver dans le sang.

Si le temps est chaud, le refroidissement du corps est plus difficile ; commencez alors à boire plus tôt et buvez plus souvent pendant l'effort. Un truc : aspergez-vous régulièrement d'eau, surtout sur la tête puisqu'elle est responsable de 30 à 40 % de nos pertes de chaleur. L'eau de ces mini-douches vient remplacer la sueur dans le processus de refroidissement par évaporation, ce qui ralentit la perte d'eau par transpiration. C'est d'ailleurs pour cette raison qu'on arrose copieusement les marathoniens. Enfin, méfiez-vous du temps chaud et humide ; l'air étant déjà saturé d'eau, l'évaporation de la sueur sera considérablement ralentie. Au-delà d'un certain taux d'humidité, l'évaporation devient même impossible. Consultez le tableau 8.1 (page 167) pour savoir si vous devriez faire de l'exercice ou aller voir un film dans une salle climatisée !

Après 60 minutes d'activité, les muscles commenceront à manquer de sucre, une source d'énergie importante, ce qui peut précipiter la fatigue musculaire. Pour relever le taux de glucose dans le sang, buvez de l'eau légèrement sucrée (voir le *Zoom*). Évitez toutefois

PRÉPAREZ VOTRE PROPRE BOISSON DÉSALTÉRANTE

Les boissons désaltérantes comme Gatorade, All Sport, Powerade, Body Fuel, Gear Up, Power Burst et ReHydrate sont actuellement très populaires. Ces boissons contiennent de l'eau, du sucre et des sels minéraux (sodium et potassium notamment), mais aussi beaucoup d'autres ingrédients qui n'ont rien à voir avec les besoins en eau et en sucre de la personne active. De plus, elles coûtent environ 1,50 $ pour 500 mL, ce qui est un peu cher pour s'hydrater et faire remonter sa glycémie. Vous pouvez obtenir le même résultat pour beaucoup moins d'argent en mélangeant 500 mL de jus de fruits avec 500 mL d'eau. Pour deux fois rien, vous pouvez même concocter votre propre boisson hydratante, dont voici la recette : dans un peu d'eau tiède, ajoutez 60 à 70 g (environ 4 cuillerées à soupe) de sucre ou de miel, une pincée de sel (des études récentes indiquent que le sel favorise l'absorption de l'eau) et, pour le goût, un peu de jus d'orange, de citron ou de lime. Mélangez le tout puis versez dans un litre d'eau glacée. Si vous trouvez la boisson trop sucrée, vous n'aurez qu'à mettre un peu moins de sucre la prochaine fois.

les boissons trop sucrées (plus de 100 g de sucre par litre), car le système digestif mettra trop de temps à absorber le sucre qu'elles contiennent. Beaucoup de boissons gazeuses commerciales de type cola entrent dans cette dernière catégorie.

Après l'activité physique

Après l'exercice, il faut encore boire de l'eau. Pour savoir combien vous devriez en boire, estimez votre perte en eau en vous pesant avant et après la séance d'exercice. Une perte de poids de 500 g signifie que vous avez perdu approximativement 500 mL d'eau. Vous pouvez aussi vous fier à la couleur de votre urine ; quand elle redevient claire, c'est que vous êtes bien hydraté.

BIEN SE NOURRIR

Une bonne alimentation est un important facteur de santé. Votre alimentation de base doit donc inclure des aliments qui font partie des 6 grandes **familles de nutriments** essentiels à une bonne santé (tableau 9.1). Toutefois, certains ajustements alimentaires peuvent s'avérer indispensables lorsqu'on passe d'une vie sédentaire à une vie active. Si vous commencez, par exemple, à faire une heure

9.1

TABLEAU

Les 6 grandes familles de nutriments		
Nutriments	**À quoi servent-ils ?**	**Où les trouve-t-on ?**
Glucides	Alimentent en énergie les cellules nerveuses, les globules rouges et les muscles pendant l'effort physique.	*Glucides complexes* : fruits, légumes, lait, grains. *Glucides simples* : sucreries.
Lipides	Entrent dans la constitution des membranes cellulaires et des fibres nerveuses. Fournissent jusqu'à 70 % de l'énergie du corps au repos. Facilitent l'absorption des vitamines liposolubles. Servent d'isolant contre le froid et de coussin protecteur pour les organes.	*Lipides insaturés* : huiles végétales (maïs, tournesol, olive, etc.), graines, noix, poissons. *Lipides saturés* : produits animaux (viande et produits laitiers), huiles de palme et de coco, huiles hydrogénées.
Protéines	Constituent le matériau de base des cellules. Participent à la formation de l'hémoglobine, des anticorps, des enzymes et des hormones. Servent à la croissance, à la réparation et à la reconstitution des différents tissus.	Produits animaux (viande rouge, poisson, volaille, fruits de mer, œufs et produits laitiers), légumineuses et noix.
Vitamines	Rendent possible l'utilisation des glucides, des lipides et des protéines par les cellules. Accélèrent les réactions chimiques.	Fruits, légumes, grains, poisson et produits animaux.
Minéraux	Renforcent certaines structures (dents, squelette). Contribuent au bon fonctionnement de l'organisme.	En quantité variable, dans presque tous les aliments que nous consommons.
Eau	Constitue de 50 à 60 % de la constitution d'un adulte. Est le deuxième élément vital, après l'oxygène.	Eau du robinet, jus, fruits, légumes, breuvages de toutes sortes.

ZOOM

LES STEROÏDES FONT-ILS LE POIDS ?

Les individus qui consomment des stéroïdes anabolisants (de la testostérone «synthétique») dans le but d'augmenter leur masse musculaire prennent des risques énormes avec leur santé. En plus de leurs effets masculinisants chez la femme (voix rauque, augmentation de la pilosité, cheveux clairsemés, atrophie des seins, hypertrophie du clitoris, etc.) et féminisants chez l'homme (voix aiguë, atrophie des testicules, problèmes de prostate, etc.), les stéroïdes peuvent endommager le foie et les reins et augmenter le risque de cancer et de crise cardiaque. Bref, le gain musculaire que procurent ces drogues ne fait pas le poids si on y laisse sa santé !

d'activité physique modérée par jour, vous aurez besoin d'ingérer *plus de calories* parce que vous en dépenserez plus. En mangeant davantage, vous maintiendrez l'**équilibre énergétique** de votre corps et vous comblerez du coup vos besoins, désormais plus élevés, en vitamines et en minéraux. Les recherches démontrent que les personnes grasses, contrairement aux autres, n'augmentent généralement pas leur consommation calorique lorsqu'elles commencent à faire plus d'exercice. Cette situation, si elle se maintient pendant quelques semaines, entraîne une perte calorique qui ne peut que se traduire par une perte de poids, et cela sans régime amaigrissant.

L'individu physiquement actif devrait aussi manger *plus de glucides*. Ces nutriments, qui constituent la principale source d'énergie des muscles, sont emmagasinés dans les muscles et le foie sous la forme de grosses molécules de glucose (**glycogène**). Les réserves de glycogène sont très limitées. Il suffit habituellement d'un exercice d'intensité moyenne de plus de 90 minutes ou d'un exercice très intense de moins de 30 minutes pour vider presque complètement les stocks de glycogène musculaire et priver les muscles de toute énergie. Il est toutefois possible, comme nous allons le voir, d'augmenter ses réserves de glycogène en modifiant légèrement son régime alimentaire.

Et les protéines ? Même si nous utilisons plus de protéines quand nous dépensons plus d'énergie, il ne semble pas qu'il soit nécessaire d'en ingérer davantage, pas plus dans nos aliments que sous forme de suppléments protéiniques. Cela s'explique par le fait que notre alimentation est déjà très riche en protéines ; selon les nutritionnistes, nous devrions peut-être même en consommer un peu moins.

Le repas qui précède l'activité physique

Si vous prévoyez pratiquer une activité physique modérée pendant plus de 60 minutes, prenez un repas plus riche que d'habitude en glucides, c'est-à-dire un peu plus de pain, de pâtes, de riz, de légumineuses ou de fruits qu'à l'accoutumée. Ce repas retardera l'épuisement des stocks de glycogène musculaire, en plus d'être facile à digérer. Si le repas est consistant et riche en gras ou en protéines, prenez-le au moins trois heures avant le début de l'activité physique. Dans le cas d'une collation, une heure ou deux suffiront. Le tableau 9.2 présente quelques exemples de repas et de collations qu'on peut prendre avant une activité physique.

Le repas qui suit l'activité physique

Si vous êtes légèrement ou modérément actif, le repas qui suit votre séance d'activité physique n'a pas à être modifié. Par contre, si vous pratiquez des activités vigoureuses tous les jours, vous pouvez accélérer le renouvellement de vos réserves de glycogène et éviter ainsi une fatigue musculaire précoce lors de la prochaine séance d'exercice. Pour ce faire, il suffit d'ingérer environ 50 g de glucides le plus tôt possible après l'exercice. Voici des collations qui les contiennent : 375 mL (1 1/2 tasse) de jus de fruits (pomme, fruits mélangés, orange, pamplemousse) ; 250 mL (1 tasse) de jus de raisin ; 625 mL (2 1/2 tasses) de lait à 1 ou 2 % ; 3 1/2 tranches de pain ; 2 pains pita ; 125 mL (1/2 tasse) de pouding au riz avec raisins ; 500 mL (2 tasses) de céréales de riz ; 250 mL (1 tasse) de riz cuit ; 375 mL (1 1/2 tasse) de spaghettis cuits ; 125 mL (1/2 tasse) de raisins secs ; 2 grosses pommes ; 8 dattes ; 2 poires ; 6 pruneaux.

TABLEAU

9.2

Exemples de repas et de collations à prendre avant une activité physique*	
Une à deux heures avant l'activité physique: collation (moins de 250 calories)	• 2 petites boîtes de raisins secs OU • 125 mL ($^1/_2$ tasse) de fruits séchés OU • 1 ou 2 fruits frais OU • 250 mL (1 bol) de céréales OU • $^1/_2$ banane avec 1 muffin OU • 250 mL (1 verre) de jus de fruits avec 2 biscuits à la farine d'avoine OU • 200 mL (1 bouteille) de boisson au yogourt OU • 200 mL (1 berlingot) de lait au chocolat à 2 %
Deux à trois heures avant l'activité physique: repas léger (250 à 500 calories)	• soupe et petit sandwich (au poulet, à la dinde, au thon ou aux tomates) contenant peu de matières grasses OU • assiette de spaghettis avec sauce tomate OU • assiette de riz vapeur aux tomates, aux légumes ou au poulet OU • « orange ban-tam » (battre les ingrédients suivants au mélangeur: 250 mL de jus d'orange, 1 œuf, 1 petite banane, 125 mL de lait à 2 % et 30 mL de poudre de lait écrémé)
Plus de trois heures avant l'activité physique: repas consistant (500 à 800 calories)	*Le matin* • 250 mL de jus d'orange, 250 mL de céréales, 250 mL de lait 2 %, 1 petite banane, 2 tranches de pain (ou 2 crêpes ou 2 gaufres), beurre et confiture *Le midi ou le soir* • 250 mL de soupe aux légumes ou de potage, 4 biscuits soda, 2 ou 3 morceaux de blanc de poulet, 2 tranches de pain, 125 mL de compote de pommes, 1 carré aux dattes et 1/2 tasse de lait écrémé OU • 1 yogourt aux fruits, 250 mL (1 tasse) de salade de macaroni ou de riz, 1 banane et 1 jus de fruits

* *Ces collations et ces repas contiennent environ 65 % de glucides et visent à retarder l'épuisement des réserves de glycogène.*

BILAN ma préparation physique

Les chapitres 8 et 9 ont porté sur les règles à suivre pour pratiquer une activité physique de manière sécuritaire et agréable. Les appliquez-vous? Le test suivant vous permettra de répondre à cette question. Pour évaluer votre niveau de préparation physique, il vous suffit de cocher devant chaque assertion celle des trois situations qui vous décrit le mieux.

7

MA PRÉPARATION PHYSIQUE	TOUJOURS	DE TEMPS À AUTRE	PRESQUE JAMAIS
1. Par temps chaud, je m'habille légèrement.			
2. Par temps froid, j'applique le principe de la pelure d'oignon.			
3. S'il fait très chaud ou très froid, je prends les précautions qui s'imposent.			
4. Je prends le temps de bien choisir mes chaussures de sport.			
5. Si je fais plus de 30 minutes d'exercice, je m'arrange pour boire suffisamment d'eau.			
6. Sous le soleil, je protège ma peau.			

MA PRÉPARATION PHYSIQUE	TOUJOURS	DE TEMPS À AUTRE	PRESQUE JAMAIS
7. En cas de blessure ou de douleur, je prends les mesures qui s'imposent.			
8. Je m'échauffe avant de pratiquer une activité physique.			
9. Je prends le temps de me refroidir un peu après un effort physique.			
10. Si je suis physiquement très actif, j'ajuste mon régime alimentaire pour manger un peu plus de glucides.			
11. J'évite de prendre un gros repas juste avant une activité physique.			

Que signifient
mes choix?

Si vous comptez 8 crochets ou plus dans la colonne « Toujours », on peut dire que votre niveau de préparation physique est suffisant. Si vous en comptez entre 4 et 7, votre préparation physique est incomplète, ce qui pourrait menacer votre bien-être et votre santé quand vous pratiquez une activité physique. Moins de 4 crochets dans cette même colonne indique que votre préparation physique est nettement insuffisante, de sorte que vous augmentez vos risques d'accident, de malaise ou de fatigue musculaire durant une activité physique. Si vous avez accumulé plus de 5 crochets dans la colonne « De temps à autre », un peu de discipline pourrait grandement améliorer votre préparation physique.

CHAPITRE 10

S'organiser pour persévérer: le plan de match

Vous voici non pas au bout de la route, mais au début de celle qui peut vous conduire vers une vie physiquement plus active. Ce chapitre n'est donc ni une conclusion ni une synthèse, mais un mini-guide destiné à vous aider à intégrer la pratique régulière d'une activité physique dans vos habitudes de vie. Afin de vous aider à réussir cette intégration, nous vous proposons un plan de match qui mise essentiellement sur deux facteurs importants : *le plaisir de faire de l'exercice* et *une bonne planification de son temps*. Le manque d'intérêt pour l'activité pratiquée et le fait de ne pas l'inscrire en priorité dans son agenda comptent en effet parmi les causes les plus fréquentes d'abandon.

Cela dit, le plan que nous vous proposons ici a peu de chances de vous intéresser si votre motivation à l'égard de l'activité physique est plutôt faible (chapitre 2). Dans ce cas, *faites l'exercice suivant.* Prenez une feuille de papier et divisez-la en deux colonnes : dans la première, dressez la liste des avantages qu'il y a à être physiquement actif ; dans la seconde, énumérez les inconvénients. Vos expériences passées, votre motivation actuelle et vos occupations présentes peuvent vous aider à établir ce relevé. À titre d'exemple, voici quelques énoncés qu'on pourrait y trouver. Les *avantages* : je vais mettre en pratique ce à quoi je crois ; je vais me sentir mieux ; je vais perdre mon excédent de gras ; j'aurai plus d'énergie ; je vais mieux dormir ; je vais réduire mon risque de contracter une maladie cardiovasculaire ou un cancer ; je vais renforcer mes os. Les *inconvénients* : je n'ai pas le temps ; ma condition physique est trop mauvaise ; je n'ai pas d'endroit où pratiquer une activité physique ; je ne suis pas habile dans les sports ; je n'ai pas assez de volonté ; j'ai peur de me blesser ; pratiquer un sport coûte cher. Soupesez ensuite le pour et le contre.

Si cet exercice ne vous convainc pas des avantages d'une vie active, demandez à des amis, des proches ou des collègues de travail qui sont devenus physiquement actifs ce que ce changement leur a apporté. Visitez aussi des centres d'activité physique pour voir des gens en pleine action et vous imprégner de l'atmosphère qui y règne ; cela pourrait vous donner le goût d'en faire autant. Finalement, demandez-vous pourquoi vous passez ainsi à côté d'un des moyens les plus efficaces qui soient pour jouir d'une bonne qualité de vie et d'une bonne santé. À présent, voici le plan de match !

AUGMENTEZ VOTRE PLAISIR EN DEVENANT PLUS HABILE

Dans le chapitre 7, vous avez vu que pour avoir du **plaisir** à pratiquer une activité physique, il faut d'abord considérer certains traits de sa personnalité. Par exemple, si vous avez envie de vous retrouver seul après le travail, vous n'irez pas vous inscrire à un cours de danse aérobique avec une trentaine d'autres personnes. Dans le même chapitre, vous avez pu trouver une activité physique qui vous motive tout en répondant à vos besoins et à vos capacités physiques. Pour que le plaisir se maintienne au fil des semaines, cependant, il faut pouvoir pratiquer l'activité choisie avec une certaine adresse, c'est-à-dire avec aisance. Quel plaisir y a-t-il en effet à jouer au golf si on rate son élan deux fois sur trois ? à descendre une rivière en canot si on verse au moindre rapide ? à jouer au tennis si on envoie constamment la balle dans le filet ou à l'extérieur du court ? ou encore à faire du ski alpin le corps raidi par la peur de tomber ? Bref, se sentir maladroit dans la pratique d'une activité physique peut inciter à la laisser tomber. Pour vous aider à pratiquer une activité avec une certaine aisance, nous vous proposons une démarche simple, en deux étapes. La *première étape* vous permettra de faire le point sur votre habileté dans la pratique d'une activité physique et la *deuxième* vous aidera à vous fixer des objectifs réalistes pour améliorer votre degré d'adresse.

1. Faites le point sur vos habiletés

Êtes-vous adroit lorsque vous pratiquez une activité physique ? Les trois tests qui suivent vous aideront à répondre à cette question en vous donnant une appréciation objective de vos **habiletés physiques.** Cependant, ne sautez pas trop vite aux conclusions. Un résultat faible ne signifie nullement que vous devriez vous contenter de la marche ou de la bicyclette stationnaire. Il signifie seulement que l'initiation à certaines activités exigeantes sur le plan technique peut s'avérer plus longue que prévu. En sachant cela à l'avance, vous serez moins porté à vous impatienter et à vous décourager.

Test 1 : La paille et le cure-dent (concentration visuelle). Avez-vous bon œil ? Ce test vous le dira, puisqu'il sert à évaluer une dimension importante de la perception visuelle, soit la **convergence des yeux,** ou capacité de concentrer son regard sur un objet en mouvement (balle de tennis, volant de badminton, balle de baseball, etc.).

Ce qu'il vous faut. Un cure-dent, une paille de couleur de dimension régulière et le concours d'un ami muni d'une règle graduée en centimètres.

Le test. Asseyez-vous, puis tenez d'une main un des bouts de la paille et de l'autre une des extrémités du cure-dent (figure 10.1). Rapprochez la paille et le cure-dent jusqu'à ce qu'ils soient tout près l'un de l'autre, en les tenant à la hauteur des yeux à une distance de 3 cm de l'arête de votre nez. Essayez alors d'introduire le cure-dent à l'intérieur de la paille sans les quitter des yeux. Ne faites qu'un seul essai. Si vous réussissez à introduire le cure-dent dans la paille, marquez 10 points. Si vous échouez, recommencez le test, mais cette fois en tenant la paille et le cure-dent à une distance de 8 cm de votre nez. Si vous réussissez à cette distance, marquez 5 points. S'il vous est impossible de réussir le test à 8 cm, marquez 0.

Le résultat.   Si vous avez obtenu 10 points, votre capacité à suivre des yeux un objet mobile est excellente. Si vous avez obtenu 5 points, votre convergence visuelle est moyenne et pourrait être améliorée par certains exercices. Par exemple, vous pouvez vous exercer à introduire le cure-dent dans la paille. Si vous n'avez obtenu aucun point, vous éprouvez de la difficulté à suivre des yeux un objet mobile. Vous devriez consulter un ophtalmologiste ou un optométriste, qui vous dira comment améliorer votre convergence visuelle.

FIGURE **10.1**

TEST DE LA PAILLE ET DU CURE-DENT

Test 2 : Les deux règles (temps de réaction). Ce test sert à mesurer le **temps de réaction**, soit le temps requis pour réagir à un stimulus donné. Dans la pratique d'activités physiques où on doit parfois réagir rapidement (badminton, ski alpin, surf des neiges, planche à voile, karaté, descente de rivière en canot ou en kayak, etc.), il est utile d'avoir une bonne idée de son temps de réaction.

Ce qu'il vous faut. Une chaise, une table étroite, deux règles de 100 cm (ou deux bâtons de cette longueur) et le concours d'un ami qui tiendra les règles et prendra les mesures.

Le test. Asseyez-vous à la table, posez-y les avant-bras en laissant dépasser les mains dans le vide (figure 10.2). Les paumes doivent se faire face, les doigts sont bien tendus et forment avec le pouce une espèce de fer à cheval. Votre ami doit se placer devant vous en tenant les règles par l'extrémité indiquant 100 cm, de manière à ce que l'autre extrémité soit à la hauteur du bord supérieur de vos doigts. Dans un intervalle de

FIGURE **10.2**

TEST DES DEUX RÈGLES

1 à 10 secondes après que vous lui en ayez donné le signal, votre ami laissera tomber une des règles, que vous devez essayer d'attraper le plus vite possible en la saisissant entre le pouce et l'index, *sans déplacer les mains*. Attention : vous ne devez pas essayer de prévoir laquelle des deux règles va tomber, mais seulement réagir lorsque l'une d'elles tombe. C'est le temps de réaction qu'on évalue ici, non la capacité d'anticipation.

Ne vous exercez pas avant le test. Faites 10 essais et notez pour chaque essai l'endroit, sur la règle, où vous avez refermé votre pouce et votre index. (Si vous avez utilisé deux bâtons, mesurez ce niveau avec un ruban gradué.) Retenez le meilleur des 10 essais et faites-en l'interprétation à l'aide du tableau 10.1.

10.1
TABLEAU

Résultats du test des deux règles (meilleur essai)	
Niveau où la règle a été saisie (en centimètres)	**Nombre de points**
13,0	10
15,5	9
18,0	8
20,5	7
23,0	6
25,5	5
28,0	4
30,5	3
33,0	2
35,5	1
38,0	0

Le résultat. Si vous avez obtenu 8 points ou plus, votre temps de réaction est excellent. Si votre score se situe entre 5 et 7 points, vous avez de bonnes réactions en général. Vous ne pouvez pas améliorer de beaucoup votre temps de réaction, lequel dépend de facteurs neurophysiologiques. Par contre, vous pouvez améliorer votre capacité d'anticiper, ce qui vous permettra de réagir plus vite. Si votre score est inférieur à 4, vous pouvez compenser votre lenteur à réagir en améliorant votre capacité d'anticiper.

Test 3 : La cigogne (équilibre statique). L'équilibre compte parmi les facteurs essentiels à la bonne coordination des mouvements. Quand le corps est déséquilibré, on consacre plus d'attention et d'énergie à rétablir son équilibre qu'à bien synchroniser ses mouvements. Voici un test fort simple qui vous permettra d'évaluer votre **indice d'équilibre corporel.**

Ce qu'il vous faut. Le concours d'un ami pour vous chronométrer.

Le test. Ce test s'exécute debout sur une surface dure (non recouverte de tapis) et en chaussures de sport. Tenez-vous en équilibre sur votre jambe la plus forte (jambe dominante) et appuyez le pied de l'autre jambe contre votre genou (figure 10.3). Posez vos mains sur vos hanches et *fermez les yeux*. Le test prend fin au moment où, malgré vous, vous retirez les mains de vos hanches, votre pied quitte votre genou ou le pied qui est au sol se déplace. Faites 3 essais en cinq minutes et notez votre temps à chaque essai Retenez le meilleur des 3 essais et consultez le tableau 10.2 pour connaître votre indice d'équilibre.

Le résultat. Si vous avez obtenu 14 points ou plus, votre indice d'équilibre (statique) est excellent ; vous serez probablement à l'aise dans les activités qui exigent beaucoup d'équilibre (planche à voile, danse, tai-chi, équitation, escrime, etc.).

FIGURE **10.3**

LA CIGOGNE

10.2

TABLEAU

Résultats du test de la cigogne (meilleur essai)	
Temps (en secondes)	Points
60	20
55	18
50	16
45	14
40	12
35	10
30	8
25	6
20	4
15	3
10 ou moins	2

Si votre score est inférieur à 4, votre équilibre laisse plutôt à désirer. Cependant, à moins qu'il ne s'agisse d'un problème d'ordre médical, vous pouvez l'améliorer en faisant régulièrement le test de la cigogne, ou encore en marchant sur une planche étroite.

2. Fixez-vous des objectifs réalistes

À présent que vous avez une meilleure idée de votre niveau d'habileté générale, fixez-vous des objectifs réalistes pour l'améliorer. Un objectif réaliste vous oblige en quelque sorte à obtenir un résultat concret dans un délai raisonnable. Par conséquent, si vous voulez éprouver rapidement le maximum de plaisir et le minimum de frustration à pratiquer une activité physique, il serait bon de vous fixer des objectifs de ce type. Ceux-ci devraient être précis et peu nombreux, en plus de tenir compte de votre niveau d'habileté générale dans la pratique de l'activité physique. Si, d'après les différents tests, votre niveau d'habileté est faible, vos objectifs devraient viser à le rehausser globalement. Voici quelques exemples d'objectifs que vous pourriez viser dès maintenant.

Objectif 1 : Je veux être capable de détendre mes muscles. Des muscles crispés nuisent à la synchronisation des mouvements, qui deviennent alors saccadés. Cela augmente le risque de blessures musculosquelettiques. Si vous êtes une personne nerveuse et que vous avez tendance à vous contracter lorsque vous pratiquez une activité physique, fixez-vous d'abord comme objectif de détendre vos muscles en faisant des exercices de relaxation (chapitre 1). Si vous êtes vraiment très tendu, il serait peut-être bon de suivre un cours de techniques de relaxation. Vous apprendrez ainsi à contrôler votre tension musculaire, ce qui améliorera votre coordination.

Objectif 2 : Je veux être capable de sentir davantage mon corps en mouvement. Les problèmes de synchronisme musculaire résultent en bonne partie d'une mauvaise prise de conscience de son corps en mouvement. Des exercices de transfert du poids et de transmission des mouvements du corps aux bras conduisent à une meilleure connaissance de son corps et à une meilleure coordination neuromusculaire. Si vous avez l'impression d'habiter un corps qui vous est étranger et dont vous percevez mal les déplacements et les gestes, effectuez ces exercices devant un miroir.

Exercice de transfert du poids. Debout, le corps détendu, les jambes légèrement écartées, déplacez en alternance le poids de votre corps sur une jambe, puis sur l'autre (balancement gauche-droite). Dans la même position, transférez ensuite votre poids sur les orteils puis sur les talons (balancement avant-arrière). Placez maintenant un pied devant l'autre et amenez le poids de votre corps sur le pied avant, puis sur le pied arrière (mouvement de va-et-vient). Durant chacun de ces exercices, prenez conscience du poids de votre corps pendant qu'il se déplace sur une jambe puis sur l'autre. Constatez à quel point le pied qui reçoit votre poids s'alourdit, alors que l'autre s'allège. Cette prise de conscience est importante, surtout si vous avez tendance à maintenir votre poids sur les talons lorsque vous frappez ou lancez un objet.

Exercice de transmission du mouvement du corps aux bras. Lorsque vous faites un mouvement, vous devez sentir que l'énergie nécessaire à son exécution se développe à partir du

centre du corps vers la périphérie. Faites les exercices précédents en ajoutant cette fois une rotation du tronc. Commencez par transférer votre poids sur une jambe, puis tournez le tronc. Lorsque le geste devient facile, ajoutez un mouvement de lancer au-dessus de la tête comme le montrent les photographies (p. 207). Faites l'exercice d'abord devant un miroir, puis sans miroir et, finalement, les yeux fermés. Vous créez ainsi un enchaînement moteur qui transmet la force

QUI DIT APPRENTISSAGE DIT PATIENCE !

La courbe de l'apprentissage n'en est pas une. Les graphiques ci-dessous illustrent bien le phénomène : l'apprentissage moteur se fait selon une série de paliers. On apprend par à-coups, de façon irrégulière. Voilà qui explique pourquoi, lorsqu'on s'initie à un mouvement, on a l'impression à certains moments de plafonner, voire de régresser. Cela signifie qu'on a atteint un plateau. On stagne en apparence, mais notre système de coordination, à l'instar d'un ordinateur, est en train d'établir une base solide pour le nouveau circuit moteur qu'on s'efforce d'acquérir. Quand notre cerveau « gèle », cela secoue un peu le moral. Savoir que la courbe d'apprentissage n'est pas une courbe, mais plutôt un escalier, vous permettra probablement de patienter plus longtemps avant de songer à tout lâcher !

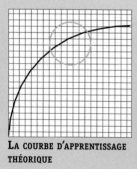

LA COURBE D'APPRENTISSAGE THÉORIQUE

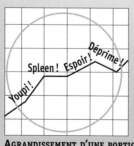

AGRANDISSEMENT D'UNE PORTION DE LA COURBE MONTRANT QU'ON APPREND PAR PALIERS

musculaire depuis la poussée des pieds sur le sol (par transfert du poids) jusqu'au bout des doigts. L'habileté à transmettre ainsi un mouvement du corps vers le bras transforme une action motrice erratique et discontinue en un mouvement continu et bien coordonné. Cette fluidité dans le mouvement est fort utile pour ménager vos articulations.

Objectif 3 : Je veux être capable de contrôler la vitesse de mes mouvements. La vitesse tue la précision. Par exemple, vous initier au coup droit au tennis en frappant la balle de toutes vos forces risque d'accroître votre frustration plutôt que votre habileté à frapper la balle. Si vous faites le même geste lentement, votre cerveau enregistrera plus facilement les différentes séquences du mouvement. Un bon truc consiste à pratiquer un nouveau mouvement au ralenti devant un miroir. Lorsque le geste devient plus coulant, augmentez la vitesse d'exécution (faites-le en trois secondes, puis en deux secondes, puis en une seconde).

Si, au contraire, *vous êtes déjà habile,* fixez-vous des objectifs propres à l'activité pratiquée. Par exemple, il peut s'agir d'améliorer ses déplacements arrières au badminton, sa technique de grimpe en escalade, ses virements de bord en planche à voile, ou encore sa prise de raquette au squash. Pour chacun de vos objectifs, établissez clairement les moyens à utiliser et le temps requis pour l'atteindre ainsi que la façon d'évaluer les progrès réalisés. Au besoin, n'hésitez pas à modifier un objectif qui semble trop difficile à atteindre pour le moment. Le tableau 10.3 présente un exemple de démarche par étapes visant à atteindre des objectifs spécifiques. En vous servant du cahier *L'équipier +,* élaborez maintenant votre propre démarche pour améliorer votre efficacité dans la pratique d'une activité physique.

Pour la pratique sécuritaire et agréable d'une activité physique

10.3

Exemple d'une démarche visant à atteindre des objectifs spécifiques

Nom : Philippe Blanchet **Âge :** 18 ans **Activité :** badminton, ensemble 2 **Gr. :** 2	**Temps requis**
Objectif 1 : être capable de dégager du revers.	50 min
Objectif 2 : être capable d'exécuter, de façon régulière, de bons services courts du revers.	30 min
Moyens utilisés pour atteindre chaque objectif	**Évaluation des progrès accomplis**
Objectif 1 : **1.** Je prends une prise de revers.	**1.** Réussi
2. Je fais 10 fois le pivot.	**2.** Réussi
3. Je reproduis le mouvement du dégagé au complet, 5 fois.	**3.** Réussi
4. Je fais comme à l'étape 3, mais en frappant le volant, 20 fois.	**4.** Réussi une fois sur deux
5. Pendant l'étape 4, je demande à l'éducateur physique d'observer l'exécution de mon mouvement.	**5.** Pas réussi : je dois pivoter plus tôt et accélérer le mouvement de supination.
Objectif 2 : **1.** Je sers d'abord 20 fois du revers, sans trop m'occuper de la hauteur et de la longueur de mes services.	**1.** Réussi
2. J'installe un cordeau à 30 cm au-dessus du filet et j'essaie de viser dans ce corridor au moins une fois sur deux.	**2.** Réussi
3. Je vise à présent la ligne de service court tout en visant dans le corridor.	**3.** Réussi 7 fois sur 10
4. J'enlève le cordeau et je fais 30 services courts en visant un taux de réussite de 80 %.	**4.** Fait et réussi
S'il y a lieu, modification des objectifs	**S'il y a lieu, modification des moyens**
Objectif 1 : non	
Objectif 2 : non	

GÉREZ VOTRE PROGRAMME PERSONNEL D'ACTIVITÉ PHYSIQUE

Vous êtes devenu plus adroit et vous avez de plus en plus de plaisir à pratiquer l'activité choisie ? Tant mieux, vous êtes sur la bonne voie, mais ce n'est pas le moment de vous asseoir sur vos lauriers. Il est tellement facile de nos jours d'oublier de bouger, que l'on a vite fait, si l'on n'y prend garde, de redevenir sédentaire. En fait, il faut apprendre à gérer sa vie active comme on gère son stress et son alimentation. Rassurez-vous, toutefois, ce n'est pas aussi compliqué que de gérer un pays ! Au contraire, gérer un **programme personnel d'activité physique** doit être simple pour que les chances de réussir soient bonnes.

Afin de vous faciliter la tâche, nous vous proposons la mise sur pied d'un programme personnel d'activité physique en trois parties : la conception du programme, sa réalisation et son évaluation. Les tableaux 10.4 et 10.5 présentent à titre d'exemples le programme de deux personnes. Pour établir le vôtre, servez-vous du tableau de forme identique que vous trouverez dans le cahier *L'équipier +*. Dans la **conception** de votre programme, vous devez déterminer vos priorités selon vos besoins, vos intérêts et vos capacités physiques (chapitres 4, 5 et 7). Vous devez également voir à respecter les règles d'efficacité, de sécurité et de confort de tout bon programme d'activité physique (chapitres 3, 6, 8 et 9). La **réalisation** du programme détermine les conditions qui vont vous permettre de passer concrètement à l'action. Il s'agit en fait de répondre à des questions pratiques : où vais-je pratiquer mon activité ? quand ? avec qui ? combien cela va-t-il me coûter ? Enfin, l'**évaluation** du programme vise à faire le point sur votre constance. Si vous n'êtes pas assidu, essayez de trouver pourquoi. Votre programme est-il mal conçu ? Votre agenda est-il maintenant plus chargé qu'il y a trois semaines ? Avez-vous été malade ? Peut-être avez-vous oublié finalement, dans le train-train quotidien, que la pratique régulière d'une activité physique était une de vos priorités ?

10.4

TABLEAU

Un programme personnel d'activité physique : le cas de François

Nom : François Gendron   **Âge :** 20 ans
Cours : Conditionnement physique   **Gr. :** 03

Objectif : Je veux améliorer mon endurance cardiovasculaire en me basant sur le programme 1 du tableau 6.4.

Conception du programme	Conditions de réalisation de l'activité
J'applique les règles d'efficacité et de sécurité suivantes (chap. 4, 5, 6, 7, 8 et 9) : **Spécificité** (activité choisie) : patins à roulettes. **Surcharge** (intensité, durée, fréquence) : 30 minutes 2 fois par semaine en maintenant un pouls variant entre 160 et 180 batt./minute. **Progression :** 1. Durant 2 semaines, je ferai 2 fois 20 minutes en maintenant un pouls à 145-150. 2. Puis j'augmenterai le temps d'effort de 5 minutes par semaine, jusqu'à ce que j'atteigne 30 minutes. 3. J'augmenterai ensuite ma vitesse de patinage pour faire monter mon pouls entre 160 et 180. **Maintien :** Pour le reste de l'été, je maintiendrai le 2 fois 30 minutes. **Échauffement (durée) :** 10 minutes. **Retour au calme (durée) :** 5 minutes. **Contrôle de l'intensité de l'effort :** Prise du pouls pour vérifier la Fcc Perception subjective de l'effort	**Date du début :** 26 juin. **Date de la fin :** 26 août. **Où :** sur les pistes cyclables de ma ville. **Quand :** mardi, de 17 h à 17 h 30, et samedi ou dimanche, de 16 h à 16 h 30. **Vêtements requis :** short, chandail, chaussettes. **Équipement requis :** patins à roulettes, genouillères, coudières et protège-poignets. **Avec qui :** avec Luc et Catherine, la plupart du temps. **Côut :** pas de frais, j'ai déjà l'équipement voulu et l'accès aux pistes est gratuit.

ÉVALUATION DU PROGRAMME

1re semaine							Commentaires
L	M	M	J	V	S	D	J'ai fait 2 fois 20 minutes.
	✓				✓		

2e semaine							Commentaires
L	M	M	J	V	S	D	Une fois 20 minutes. Une fois 25 minutes.
	✓					✓	

3e semaine							Commentaires
L	M	M	J	V	S	D	J'ai fait 2 fois 25 minutes. Luc était absent.
	✓				✓		

4e semaine							Commentaires
L	M	M	J	V	S	D	Youpi ! J'ai fait 3 fois 30 minutes.
	✓				✓	✓	

10.5

TABLEAU

Un programme personnel d'activité physique : le cas de Maude

Nom : Maude Drouin   **Âge :** 17 ans
Cours : Danse aérobique   **Gr. :** 02
Objectif : Je veux faire 30 minutes d'activité physique modérée par jour et respecter ainsi la recommandation principale du US Surgeon General.

Conception du programme	Conditions de réalisation de l'activité
J'applique les règles d'efficacité et de sécurité suivantes (chap. 4, 5, 6, 7 8et 9) : **Spécificité** (activité choisie) : Toute activité modérée qui dure au moins 2 minutes. **Surcharge** (intensité, durée, fréquence) : Une fois 30 minutes d'activité modérée par jour, que j'estime en comptant mes pas (il en faut 3 000 à 5 000 par jour pour faire 30 minutes) à l'aide d'un pédomètre (chapitre 6). Après 3 ou 4 semaines, je n'aurai plus besoin de l'appareil et je le prêterai à Nicolas. **Progression :** – Pendant 2 semaines, je ferai 15 minutes par jour. – Puis j'augmenterai le temps d'effort de 5 minutes par semaine, jusqu'à ce que j'atteigne 30 minutes par jour. **Maintien :** Pour le reste de l'année, je m'en tiendrai à 30 minutes par jour. C'est déjà beaucoup pour moi ! **Échauffement (durée) :** **Retour au calme (durée) :** **Contrôle de l'intensité de l'effort :** Perception subjective de l'effort	**Date du début :** toute l'année. **Date de la fin :** _____ **Où :** À la maison, au travail, au cégep, sur la rue, bref partout où je peux m'activer un peu. **Quand :** Tous les jours au moment opportun. **Vêtements requis :** ceux de tous les jours. **Équipement requis :** pédomètre. **Avec qui :** Avec des amis, des proches ou des collègues, ou encore seule. **Côut :** Environ 30 $ pour l'achat d'un pédomètre (pour compter mes pas).

ÉVALUATION DU PROGRAMME

1re semaine							Commentaires
L	M	M	J	V	S	D	Youpi ! Je l'ai fait tous les jours !
✓	✓	✓	✓	✓	✓	✓	

2e semaine							Commentaires
L	M	M	J	V	S	D	Youpi ! Je l'ai fait tous les jours !
✓	✓	✓	✓	✓	✓	✓	

3e semaine							Commentaires
L	M	M	J	V	S	D	Mercredi, je n'ai pas pu.
✓	✓		✓	✓	✓	✓	

4e semaine							Commentaires
L	M	M	J	V	S	D	Youpi ! Je l'ai fait tous les jours !
✓	✓	✓	✓	✓	✓	✓	

Annexes

ANNEXE 1

Vingt rumeurs sur l'activité physique

Vers la fin des années cinquante, une théorie sur l'activité physique disait à peu près ceci: ne faites pas trop d'exercice, car vous épuisez votre «banque génétique» de battements cardiaques. Les anti-exercice (il y en a toujours eu!) brandissaient cette théorie jusque dans les congrès de médecine sportive! C'était aussi l'époque où, après un infarctus, les patients devaient garder le lit pendant des semaines, au risque de voir leurs os se décalcifier, de perdre leur tonus musculaire et, même, de subir une autre crise cardiaque! Aujourd'hui, la théorie d'une banque de battements soulève l'hilarité, et on fait marcher le patient cardiaque le plus tôt possible après son infarctus, dans le but de renforcer son moral et son... cœur! Ce devrait être le destin des croyances populaires: durer si elles sont fondées ou disparaître si elles s'avèrent erronées. En voici 20 à qui nous faisons subir l'épreuve du détecteur de mensonges.

1. Les suppléments de créatine sont sans danger. *Ni vrai, ni faux.* En fait, on ignore, pour le moment, les effets à long terme sur l'organisme d'une consommation régulière de suppléments de créatine. À court terme, on rapporte l'apparition plus fréquente de crampes musculaires. Il faut toutefois se rappeler qu'on ignorait aussi, il y a quelques années, les effets à long terme des stéroïdes anabolisants synthétiques. On sait aujourd'hui que ces substances peuvent endommager des organes comme le foie et les reins. On pourrait en arriver aux mêmes conclusions dans quelques années pour ce qui est des suppléments de créatine. Prudence donc!

2. La pratique régulière de l'activité physique réduit les coûts en soins de santé. *Vrai.* Et de beaucoup. Des études publiées par l'Institut canadien de la recherche sur la condition physique et le mode de vie indiquent que le gouvernement canadien épargnerait plus de six milliards de dollars par année si seulement 10% de la population actuellement reconnue comme sédentaire devenait physiquement plus active. On sait aussi que, dans les entreprises, les employés en forme ont un taux d'absentéisme de 22 % inférieur à celui des employés sédentaires.

3. **Si je m'entraîne tous les jours, je serai encore plus en forme.** *Faux.* La recherche en physiologie de l'exercice montre clairement qu'il y a pas de différence significative, quant au gain de condition physique, entre ceux qui s'entraînent sept jours sur sept et ceux qui le font cinq fois par semaine. Par contre, le risque de blessures musculo-squelettiques et de fatigue causée par le surentraînement augmente significativement chez ceux qui s'entraînent intensément tous les jours.

4. **Enceinte, il peut être dangereux de faire de l'exercice.** *Faux.* Au contraire, l'exercice procure à la femme enceinte plusieurs avantages. Ainsi, la recherche révèle que les femmes enceintes physiquement actives prennent moins de poids, se plaignent moins souvent de crampes nocturnes et de varices, souffrent moins de vergetures, sont davantage de bonne humeur, accouchent plus facilement (notamment, la phase d'expulsion est plus courte) et récupèrent plus rapidement en cas d'accouchement difficile. Néanmoins, il est souhaitable d'éviter la pratique des sports de contact et de ceux qui comportent un risque de chute (arts martiaux, sports collectifs, sports de raquette, équitation, planche à voile, etc.). En cas de doute, demandez l'avis du médecin avant d'entreprendre un programme d'exercice ou de poursuivre la pratique d'un sport risqué.

5. **Quand on est sportive, il vaut mieux porter un soutien-gorge approprié.** *Vrai.* Les seins sont constitués de glandes mammaires et de graisse enveloppées par la peau, laquelle est, en fait, le seul soutien naturel du sein. Si la peau se distend, le sein tend à s'affaisser, ce qui semble inévitable en vieillissant. L'exercice ne peut donc faire « tomber » les seins. Il les fait rebondir cependant, ce qui peut être inconfortable quand on pratique un sport comme la danse aérobique ou le tennis. Plus le sein est volumineux, plus les rebonds sont dérangeants. Dans certains cas, de petits ligaments reliant les glandes mammaires aux muscles pectoraux, les **ligaments de Cooper**, peuvent être surétirés, ce qui peut entraîner l'hypersensibilité des seins après l'exercice. La solution ? Porter un soutien-gorge conçu pour le sport. Il en existe deux modèles : celui qui encapsule chaque sein pour assurer un meilleur support et celui qui compresse les seins afin de redistribuer leur masse autour de la poitrine. Si vous pratiquez une activité dans laquelle les bras bougent beaucoup (l'aéroboxe, par exemple), optez pour un modèle muni de bretelles élastiques : il empêche le bas de la brassière de monter sur les seins. Par contre, pour les exercices tels que le jogging ou le vélo, des bretelles non élastiques sont plus appropriées. Enfin, un bon soutien-gorge s'attache de préférence dans le dos et ne doit pas comporter de couture devant le mamelon.

6. **Le muscle atrophié se transforme en graisse.** *Faux.* Une cellule musculaire ne peut se transformer en cellule adipeuse, de même qu'une banane ne peut devenir citron. Par contre, si on devient sédentaire, les protéines musculaires se dégradent et disparaissent (**catabolisme**), de sorte que le volume des muscles diminue. Comme l'inactivité physique est aussi associée à une diminution de la dépense énergétique, les stocks de graisse, eux, augmentent. La combinaison de ces deux facteurs peut donner l'impression que le muscle, devenu flasque, s'est transformé en graisse.

7. **On ne devrait pas faire d'exercice après les repas.** *Faux.* En réalité, la pire chose qu'on peut faire après un repas, c'est s'écraser devant le téléviseur, puisque le corps stocke alors le maximum de calories. Une activité physique légère, un peu de marche par exemple, ne gêne en rien le processus de la digestion. Au contraire, elle le facilite en augmentant légèrement le métabolisme. En effet, l'exercice double presque l'**effet thermique des aliments** (énergie dépensée par l'organisme pour digérer les aliments). Pour un individu de taille moyenne, l'exercice après les repas représente une dépense énergétique supplémentaire de 50 à 75 calories par jour. Mais attention ! Il ne faut pas prendre cela pour une invitation à courir un marathon ou à faire une partie de squash endiablée après un repas. Ces efforts très intenses exigent beaucoup trop d'oxygène dans les zones musculaires actives. Or, l'organisme favorise d'abord le travail musculaire ; il réduira donc l'apport d'oxygène dans les organes de la digestion. Résultat : une digestion lente et laborieuse et, en prime, des points à l'abdomen !

8. **L'exercice peut faire cesser les règles.** *Vrai.* Si vous faites vraiment beaucoup d'exercice, vos règles risquent de devenir irrégulières. Elle peuvent même cesser pendant quelques mois (**aménorrhée secondaire**), comme cela se produit parfois chez les femmes qui s'entraînent intensément plusieurs heures par jour. Au cours d'une étude, l'aménorrhée secondaire est apparue chez seulement 2 % des joggeuses occasionnelles, alors que 28 % des participantes à un marathon et 43 % des coureuses d'élite ont vécu ce phénomène. Une autre étude indique que 57 % des skieuses de fond des équipes d'élite de niveau collégial (16-19 ans) avaient des règles irrégulières ou faisaient de l'aménorrhée secondaire.

Les chercheurs ne connaissent pas la cause de l'aménorrhée secondaire, mais ils croient que la diminution de la masse corporelle et de la masse grasse, associée à l'exercice intensif, joue un rôle important. Ce phénomène n'est pas catastrophique, dans la mesure où il est réversible. Dès que l'entraînement diminue ou cesse, les règles réapparaissent. La fertilité future n'est donc pas compromise. Mais attention, l'absence de règles ne signifie pas qu'il faille négliger la contraception. Ce serait une erreur, comme l'a constaté Ingrid Christiaensen. Cette coureuse d'élite, qui avait l'habitude de ne pas avoir de règles pendant les mois où elle s'entraînait en vue d'un marathon, nota un jour une baisse de sa performance. Inquiète, elle consulta son médecin, qui lui apprit qu'elle était enceinte de cinq mois !

9. **Une femme ne peut pas avoir d'aussi gros muscles qu'un homme, même si elle fait beaucoup de musculation.** *Vrai.* La raison : il y a beaucoup moins de testostérone dans le sang de la femme. En effet, l'homme a le monopole de cette hormone, qui sert à fabriquer du tissu musculaire. Ce n'est pas pour rien que la testostérone, sous la forme des stéroïdes anabolisants, est si populaire dans certaines salles de musculation. Les femmes peuvent donc lever du métal sans crainte ; elles ne deviendront jamais des Arnold Schwarzenegger en jupon. En revanche, elles auront des muscles fermes.

10. On court moins de risques de souffrir d'un cancer de la peau si on se garde en forme. *Faux.* L'exercice protège contre certains types de cancers, mais pas contre le cancer de la peau. Les golfeurs et les cyclistes professionnels sont considérés comme des personnes à risque élevé pour ce type de cancer, surtout s'ils ont la peau claire et qu'ils ne se protègent pas suffisamment. Alors, n'oubliez pas la crème solaire ni le chapeau !

11. Si on sue beaucoup, c'est signe qu'on est en mauvaise forme. *Faux.* Il y a des athlètes de haut calibre qui excrètent des torrents de sueur et de parfaits sédentaires qui ne transpirent presque pas. En fait, la production de sueur n'a rien à voir avec la condition physique : elle dépend du nombre de glandes sudoripares que la nature nous a donné.

12. Si on fait de l'exercice quand il fait très froid, on peut se geler les poumons. *Faux.* Même à −40 °C, l'air qui pénètre dans les voies respiratoires est réchauffé à une température variant entre 26,5 °C et 32,2 °C avant d'atteindre les bronches ! Il n'y a même pas de quoi se geler une bronchiole ! Par contre, certains en ont fait l'expérience : respirer de l'air très froid peut irriter la gorge et provoquer la toux. Chez les asthmatiques et les angineux, l'exercice par temps froid peut déclencher une crise. Souvent, un foulard devant la bouche et le nez ou bien une cagoule réglera le problème.

13. **Le matin est le meilleur moment pour faire de l'exercice.** *Faux.* Certaines personnes aiment faire de l'exercice tôt le matin, d'autres l'après-midi ou le soir. L'important, c'est de suivre son horloge biologique. Si cette horloge fait de vous un lève-tôt, va pour les exercices matinaux. Mais si l'heure du réveil est un vrai supplice, remettez l'activité physique à plus tard.

14. **Les exercices localisés font maigrir là on l'on veut.** *Faux.* Si c'était vrai, les dactylos auraient les doigts les plus maigres de la planète ! En fait, cette croyance, encore fort répandue, n'a aucun fondement scientifique. Lorsque des muscles actifs ont besoin de graisse comme carburant, celle-ci est libérée dans la circulation sanguine pour leur être acheminée. Par conséquent, la graisse fournie aux muscles du ventre peut provenir d'un dépôt de tissu adipeux situé derrière l'omoplate ! Des chercheurs ont comparé la circonférence et le dépôt graisseux sous la peau des bras de joueurs de tennis de haut calibre. Les résultats montrent que la circonférence du bras frappeur (bras droit pour la plupart) est nettement plus importante que celle de l'autre bras. C'est que le bras dominant est plus musclé. Cependant, le bras dominant n'est pas plus maigre que l'autre : la mesure du tissu adipeux n'indique aucune différence significative entre le bras gauche et le bras droit. Il est clair que le surentraînement du bras dominant ne s'accompagne pas d'une réduction locale des dépôts de graisse.

15. **L'exercice n'est pas efficace pour maigrir.** *Faux.* Au contraire, c'est une des meilleures méthodes qui soit pour maigrir réellement (voir le tableau, p. 222), c'est-à-dire perdre de la graisse. En effet, beaucoup de régimes dits amaigrissants font surtout perdre du tissu musculaire et de l'eau.

Changements survenus chez de jeunes femmes après 16 semaines d'entraînement cardiovasculaire				
Plis cutanés en millimètres	Avant	Après	Changement absolu en millimètres	Changement en pourcentages
Triceps	22,5	19,4	−3,1	−13,8 %
Sous l'omoplate	19,0	17,0	−2,0	−10,5 %
Au-dessus de la crête iliaque	34,5	30,2	−4,3	−12,8 %
Abdomen	33,7	29,4	−4,3	−12,8 %
Devant de la cuisse	21,6	18,7	−2,9	−13,4 %
Total	131,3	114,7	−16,6	−12,6 %

Adapté de W.D. McArdle, F.I. Katch et V.L. Katch. Essentials of Exercise Physiology, *Lea & Febiger, Philadelphie, 1994.*

16. L'exercice favorise l'apparition de varices. *Faux.* La principale cause des varices, c'est la gravité, bien que chez certaines personnes un facteur génétique rende les parois des veines plus sensibles aux effets de la pression exercée par le sang. Pour comprendre l'effet de la gravité sur les veines, laissez pendre vos mains. Au bout de quelques secondes seulement, on voit les veines du dos des mains se gonfler de sang. Quand on remonte les mains (ce qui diminue l'effet de la gravité), les veines se dégonflent. Le même phénomène se produit dans les jambes lorsqu'on reste debout presque immobile pendant de longues périodes : les veines des jambes ont de plus en plus de mal à s'opposer à la gravité pour renvoyer le sang vers le cœur. Toutefois, dès qu'on se met à marcher, la pression du sang sur les parois des veines passe de 100 à 20 mm Hg. Pourquoi en est-il ainsi ? Tout simplement parce que pendant la marche, les muscles des jambes se contractent et font refouler le sang vers le cœur. En somme, une personne qui active ses mollets diminue son risque d'avoir des varices. Ne dit-on pas des

Tibétains, rompus aux longues marches sur le plateau himalayen, qu'ils possèdent trois cœurs : un dans la poitrine et un autre dans chaque mollet. Si vous êtes prédisposé aux varices, le port de **bas de compression** pourrait vous être utile (certains sont conçus expressément pour l'activité physique).

17. Il vaut mieux ne pas faire d'exercice si on est malade.

Ça dépend ! Vous avez le rhume ou un mal de gorge, et vous vous demandez si vous devriez aller à votre cours de danse aérobique ce soir. Certains vous suggéreront de vous reposer le plus possible et d'éviter tout exercice. D'autres, au contraire, vous diront qu'une bonne « suée » est ce qu'il y a de mieux pour faire « sortir le méchant ». Encore des avis contraires, direz-vous ! Pourtant, il existe une règle toute simple pour vous aider à prendre la bonne décision, la « règle du cou » : si vos symptômes sont localisés au-dessus du cou (nez congestionné ou qui coule, éternuements, mal de gorge, sensation de tête lourde), l'exercice est habituellement sans danger. Réduisez toutefois de moitié la longueur et l'intensité de la séance. Et si vous vous sentez mal, laissez tomber. Il suffit de se servir de son bon sens. Par contre, si vous ressentez des symptômes au-dessous du cou (muscles endoloris, toux, fièvre, frissons, diarrhée, envie de vomir, etc.), oubliez l'exercice tant que ces symptômes persisteront. Autrement, vous courez le risque de vous déshydrater et de vous affaiblir davantage.

18. L'exercice retarde le déclin des fonctions respiratoires associé à l'âge.

Vrai. La capacité des poumons de faire circuler de l'air diminue au fil des ans. Par exemple, une personne de 80 ans a une capacité pulmonaire maximale de 40 % inférieure à celle qu'elle possédait à l'âge de 30 ans. Toutefois, on a observé chez des athlètes de 60 ans et plus une capacité respiratoire beaucoup plus élevée que celle qu'on retrouve habituellement à cet âge. Certains de ces athlètes avaient même une **ventilation maximale** (quantité d'air respirée en une minute lors d'un effort maximal) plus élevée que celle de personnes plus jeunes, mais sédentaires. L'exercice peut donc retarder le déclin de la fonction pulmonaire associé au vieillissement.

19. On ne devrait pas appliquer de glace sur une blessure (entorse, élongation, etc.) pendant plus de 20 minutes. *Vrai.* Il faut environ 20 minutes pour freiner l'hémorragie et la réaction inflammatoire. Au-delà de ce laps de temps, le froid peut irriter les terminaisons nerveuses. Les personnes maigres, qui ont une couche de tissu adipeux plutôt mince, sont particulièrement exposées à ce risque. Par ailleurs, il est préférable d'envelopper le sac de glace d'une serviette sèche afin d'éviter qu'il soit en contact direct avec la peau. La glace « chimique » du genre Ice pak peut être appliquée plus longtemps que la glace ordinaire parce qu'elle est moins froide (10 °C). On peut répéter l'application de glace plusieurs fois par jour.

20. On doit toujours passer un examen médical avant de commencer un programme de mise en forme. *Faux.* Seules les personnes qui souffrent de problèmes de santé particuliers doivent subir un examen médical avant d'entreprendre un programme d'activité physique. Pour savoir si vous faites partie de ce groupe, vous n'avez qu'à remplir le questionnaire sur l'aptitude à l'activité physique (page 86).

ANNEXE 2

L'indice de masse corporelle*

L'indice de masse corporelle vous signale si vous prenez des risques faibles, modérés ou élevés avec votre corps. À l'intérieur de la gamme des poids-santé, plusieurs poids peuvent convenir à votre taille. À vous de choisir celui qui vous convient.

L'indice de masse corporelle est reconnu par le Groupe d'experts des normes pondérales, un comité mis sur pied par Santé et Bien-être social Canada, de même que par un grand nombre de professionnels

---

* Source : *Manuel de nutrition clinique*, OPDQ. Reproduit avec l'autorisation de l'Ordre professionnel des diététistes du Québec.

de la santé et d'agences gouvernementales à travers le monde. L'IMC est sûr, précis et fiable.

Comment trouver votre IMC

1. Faites un X sur l'échelle A (p. 226) vis-à-vis votre taille.

2. Faites un X sur l'échelle B vis-à-vis votre poids actuel.

3. Avec une règle, tracez une ligne reliant les deux X.

4. Prolongez cette ligne jusque sur l'échelle C pour trouver votre IMC.
Si François mesure 1,80 m (5'11") et pèse 85 kg (188 lb), son IMC est de 26 environ.
Si Louise mesure 1,60 m (5'4") et pèse 60 kg (132 lb), son IMC est de 23 environ.

Comment interpréter votre IMC

Moins de 20 : Un IMC inférieur à 20 pourrait être associé à des problèmes de santé chez certaines personnes. Il serait peut-être bon de consulter votre diététiste et votre médecin.

De 20 à 25 : Cet intervalle d'IMC est associé au plus faible risque de maladie chez la majorité des gens. Si vous êtes dans cet intervalle, restez-y !

De 25 à 27 : Un IMC situé dans cet intervalle est parfois associé à des problèmes de santé chez certaines personnes. La prudence est donc de mise dans vos habitudes de vie.

Plus de 27 : Un IMC supérieur à 27 est associé à des risques plus élevés de problèmes de santé tels que les maladies du cœur, l'hypertension et le diabète. Il serait peut-être bon de consulter votre diététiste et votre médecin.

L'IMC s'applique à presque tout le monde. Cependant, l'IMC est inexact dans le cas des enfants et des adolescents de moins de 20 ans, des adultes de plus de 65 ans, des femmes enceintes et allaitantes, de même que dans le cas des personnes très musclées, comme les athlètes.

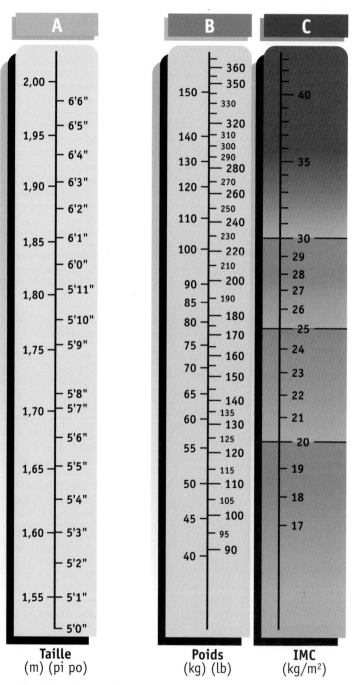

A	**B**	**C**
Taille	**Poids**	**IMC**
(m) (pi po)	(kg) (lb)	(kg/m²)

Adapté de: *Niveaux de poids associés à la santé: lignes directrices canadiennes.* **Santé et Bien-être social Canada, 1988.**

ANNEXE 3

Comment dépenser 500, 1000 ou 1500 kcal par semaine

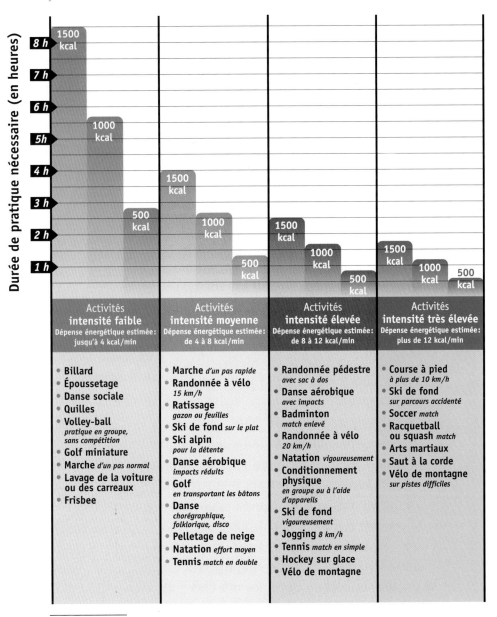

Durée de pratique nécessaire (en heures)

Activités intensité faible	Activités intensité moyenne	Activités intensité élevée	Activités intensité très élevée
Dépense énergétique estimée: jusqu'à 4 kcal/min	Dépense énergétique estimée: de 4 à 8 kcal/min	Dépense énergétique estimée: de 8 à 12 kcal/min	Dépense énergétique estimée: plus de 12 kcal/min
• Billard • Époussetage • Danse sociale • Quilles • Volley-ball *pratique en groupe, sans compétition* • Golf miniature • Marche *d'un pas normal* • Lavage de la voiture ou des carreaux • Frisbee	• Marche *d'un pas rapide* • Randonnée à vélo *15 km/h* • Ratissage *gazon ou feuilles* • Ski de fond *sur le plat* • Ski alpin *pour la détente* • Danse aérobique *impacts réduits* • Golf *en transportant les bâtons* • Danse *chorégraphique, folklorique, disco* • Pelletage de neige • Natation *effort moyen* • Tennis *match en double*	• Randonnée pédestre *avec sac à dos* • Danse aérobique *avec impacts* • Badminton *match enlevé* • Randonnée à vélo *20 km/h* • Natation *vigoureusement* • Conditionnement physique *en groupe ou à l'aide d'appareils* • Ski de fond *vigoureusement* • Jogging *8 km/h* • Tennis *match en simple* • Hockey sur glace • Vélo de montagne	• Course à pied *à plus de 10 km/h* • Ski de fond *sur parcours accidenté* • Soccer *match* • Racquetball ou squash *match* • Arts martiaux • Saut à la corde • Vélo de montagne *sur pistes difficiles*

Source : Kino-Québec, *Quantité d'activité physique requise pour en retirer des bénéfices pour la santé,* Synthèse de l'avis du Comité scientifique de Kino-Québec et applications, Gouvernement du Québec, ministère de l'Éducation, 1999, p. 14.

ANNEXE 4

Des exercices pour raffermir vos muscles

A. Quelques exercices de base en musculation

Voici quelques exercices de base utilisés en musculation pour améliorer la force et l'endurance des principaux groupes musculaires. Certains sont exécutés sur des appareils de musculation, d'autres à l'aide d'haltères longs ou courts. Pour déterminer le nombre de répétitions et de séries à exécuter, reportez-vous au chapitre 6, notamment aux tableaux 6.4 et 6.5. Les muscles principalement sollicités par les exercices sont identifiés par un numéro sur les deux *planches anatomiques* (p. 229 et 230). Vous pourrez ainsi les repérer rapidement.

Notez que les exercices avec charges exigent certaines *précautions pour éviter tout risque de blessure* :

- Échauffez-vous quelques minutes avant de commencer à lever des charges. L'échauffement permet un passage en douceur entre l'état de repos et l'état d'exercice.

- Étirez vos muscles à la fin de la séance de musculation, question de maintenir un bon équilibre entre force et souplesse.

- Expirez quand vous soulevez la charge et inspirez quand vous revenez à la position de départ.

- Adaptez le programme à votre condition physique actuelle. Si vos muscles manquent de vigueur, débutez en levant des charges légères. Par la suite, augmentez la charge de travail graduellement.

- Si vous en êtes à vos débuts en musculation, exécutez l'aller-retour du mouvement lentement. Cela permet au muscle de travailler à 100 %. Dans un mouvement rapide, c'est la vitesse acquise du poids, et non les muscles, qui accomplit la plus grande partie le travail. De plus, les mouvements rapides avec des charges augmentent le risque d'une blessure musculaire.

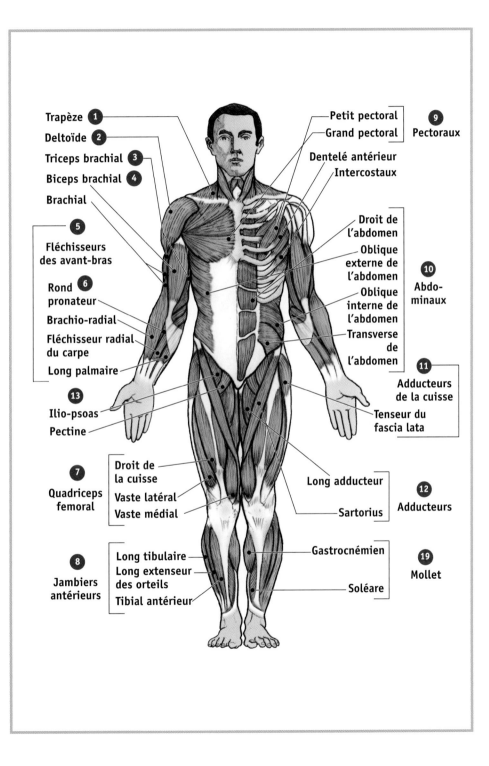

Trapèze **1**

Deltoïde **2**

Triceps brachial **3**

Biceps brachial **4**

Brachial

5

Fléchisseurs
des avant-bras

Rond **6**
pronateur

Brachio-radial

Fléchisseur radial
du carpe

Long palmaire

13

Ilio-psoas

Pectine

7

Quadriceps
femoral

Droit de
la cuisse

Vaste latéral

Vaste médial

8

Jambiers
antérieurs

Long tibulaire

Long extenseur
des orteils

Tibial antérieur

Petit pectoral

Grand pectoral **9** Pectoraux

Dentelé antérieur

Intercostaux

Droit de
l'abdomen

Oblique
externe de
l'abdomen **10**

Oblique
interne de Abdo-
l'abdomen minaux

Transverse
de
l'abdomen **11**

Adducteurs
de la cuisse

Tenseur du
fascia lata

Long adducteur **12**

Sartorius Adducteurs

Gastrocnémien **19**

Soléare Mollet

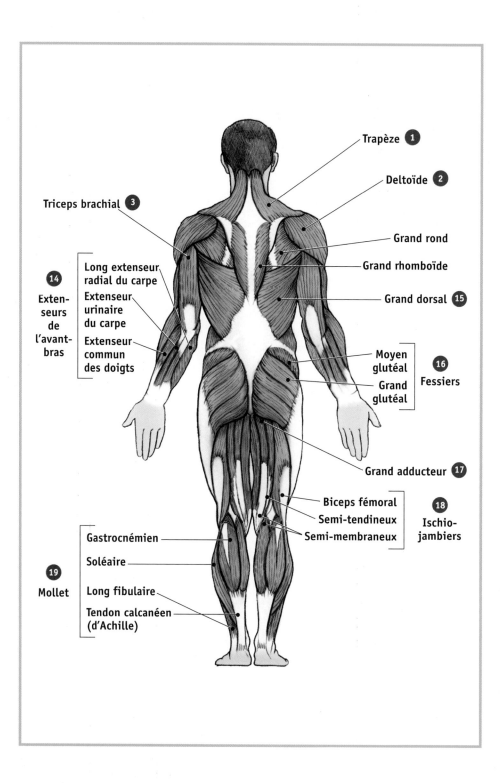

Trapèze **1**

Deltoïde **2**

Triceps brachial **3**

Grand rond

Grand rhomboïde

14

Exten-
seurs
de
l'avant-
bras

Long extenseur
radial du carpe

Extenseur
urinaire
du carpe

Extenseur
commun
des doigts

Grand dorsal **15**

Moyen
glutéal

Grand
glutéal

16

Fessiers

Grand adducteur **17**

Biceps fémoral

Semi-tendineux

Semi-membraneux

18

Ischio-
jambiers

Gastrocnémien

Soléaire

19

Mollet

Long fibulaire

Tendon calcanéen
(d'Achille)

- Si vous ressentez une douleur au moment de l'exécution d'un exercice, arrêtez immédiatement. Assurez-vous que votre mouvement est bien exécuté ou que la charge n'est pas trop lourde. Continuez seulement si la douleur s'estompe. Toutefois, les courbatures ressenties le lendemain sont normales au début d'un programme d'entraînement musculaire.

- Isolez les muscles que vous sollicitez en respectant à la lettre les positions de départ décrites pour chacun des exercices.

- Exercez toujours les muscles fléchisseurs et extenseurs d'un même membre afin de prévenir un déséquilibre entre les antagonistes. Par exemple, si vous exercez les biceps, vous devez aussi entraîner les triceps.

- Certains exercices comme les développés au banc exigent la présence d'un partenaire afin d'éviter tout risque d'accident.

- Stabilisez votre position avant de déplacer une charge.

1. Flexion de l'avant-bras

Muscles principalement sollicités : **biceps** (4*).

Assise, un haltère court à la main, le coude droit appuyé sur la cuisse droite **(a),** exécutez une flexion de l'avant-bras **(b).** Revenez à la position de départ. Répétez l'exercice avec l'avant-bras gauche.

a)   b)

2. Flexion des avant-bras
(variante de l'exercice précédent)

Muscles principalement sollicités : **biceps** (4).

Assise sur le banc incliné, les avant-bras en extension, les mains tenant la barre de l'haltère long **(a),** exécutez une flexion des avant-bras **(b).** Revenez à la position de départ.

a)   b)

---

* *Les chiffres entre parenthèses renvoient aux planches anatomiques (p. 229-230) afin de faciliter l'identification des muscles.*

3. Flexion des poignets

Muscles principalement sollicités : **fléchisseurs des doigts et des avant-bras** (5).

Assis, les coudes reposant sur les cuisses, les poignets en extension et les mains en supination tenant la barre de l'haltère long **(a)**, exécutez une flexion des poignets **(b).** Revenez à la position de départ.

a)   b)

4. Extension des poignets

Muscles principalement sollicités : **extenseurs des doigts et des avant-bras** (14).

Assise, les coudes reposant sur les cuisses, les poignets en flexion et les mains en pronation tenant la barre de l'haltère long **(a)**, exécutez une extension des poignets **(b).** Revenez à la position de départ.

a)   b)

5. Exercice pour la poitrine

Muscles principalement sollicités : **pectoraux** (9) et **deltoïdes** (2).

Assis, les avant-bras écartés et appuyés sur les coussins **(a)**, rapprochez-les vers la figure **(b)**. Revenez à la position de départ.

a)   b)

6. Élévation latérale des bras

Muscles principalement sollicités : **deltoïdes** (2) et **trapèzes** (1).

Assise, les genoux fléchis et appuyés sur les rouleaux inférieurs, les avant-bras appuyés sous les rouleaux supérieurs **(a)**, élevez les bras sur les côtés jusqu'à la hauteur des épaules **(b)**. Revenez à la position de départ.

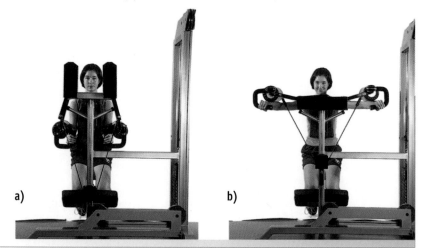

a)   b)

7. Élévation latérale des bras
(variante de l'exercice précédent)

Muscles principalement sollicités : **deltoïdes** (2) et **trapèzes** (1).

Debout, les pieds écartés, les bras le long du corps, le dos droit, un haltère court dans chaque main **(a)**, élevez les bras sur les côtés jusqu'à la hauteur des épaules, coudes légèrement fléchis **(b).** Revenez à la position de départ.

a)   b)

8. Développé assis

Muscles principalement sollicités : **pectoraux** (9), **triceps** (3) et **deltoïdes** (2).

Assis, les pieds appuyés sur les cale-pieds, les avant-bras fléchis, les mains tenant les poignées horizontales **(a)**, poussez les avant-bras jusqu'à ce qu'ils soient en ligne droite **(b).** Revenez à la position de départ.

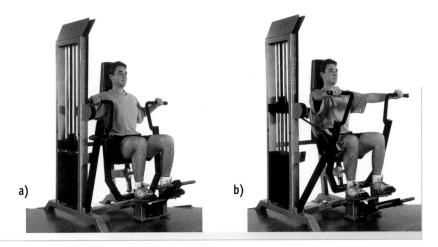

a)   b)

9. Développé couché sur le banc

Muscles principalement sollicités : **pectoraux** (9), **triceps** (3) et **deltoïdes** (2).

Couché, les genoux fléchis, les pieds appuyés solidement sur le banc, les bras en extension, les mains tenant la barre de l'haltère long **(a),** amenez la barre vers la poitrine **(b).** Revenez à la position de départ. (Note : cet exercice se fait avec l'aide d'un partenaire.)

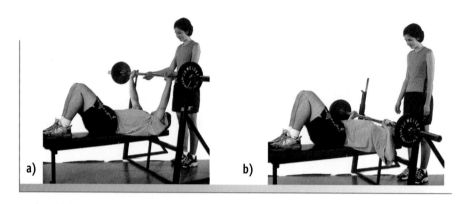

a)   b)

10. Élévation des épaules

Muscles principalement sollicités : **trapèzes** (1).

Debout, les pieds écartés à la largeur des épaules, le dos droit, les bras allongés, les mains tenant la barre d'un haltère long **(a),** élevez les épaules vers les oreilles **(b).** Revenez à la position de départ.

a)   b)

11. Yo-yo

Muscles principalement sollicités : **fléchisseurs** et **extenseurs des poignets** (5), **pronateurs** et **supinateurs des avant-bras** (14, 6,13) et **deltoïdes** (2).

Debout, les pieds écartés à la largeur des épaules, les bras allongés devant soi, les mains tenant le bâton au bout duquel est suspendu un disque de fer **(a)**, tournez le bâton pour faire monter le disque de fer **(b)**, puis tournez le bâton dans le sens inverse pour le faire redescendre.

a)   b)

12. Demi-redressement assis avec disque de métal

Muscles principalement sollicités : **abdominaux antérieurs** (10).

Couché sur un banc incliné, les chevilles bien accrochées sous les rouleaux, les mains tenant un disque de métal appuyé sur la poitrine, le menton vers la poitrine **(a)**, redressez le tronc jusqu'à ce qu'il forme un angle d'environ 90 degrés avec le bassin (on peut aussi aller moins loin) **(b)**. Revenez à la position de départ.

a)   b)

13. Flexion des jambes

Muscles principalement sollicités : **ischio-jambiers** (18).

Couchée, les pieds placés sous les rouleaux, les genoux dépassant l'extrémité du banc et les mains tenant les poignées pour stabiliser le tronc **(a)**, exécutez une flexion des jambes **(b).** Revenez à la position de départ.

14. Extension des jambes

Muscle principalement sollicité : **quadriceps fémoral** (7).

Assise, les pieds sous les rouleaux, l'arrière des genoux en contact avec l'extrémité du banc et les mains tenant les poignées pour stabiliser le tronc **(a)**, exécutez une extension des jambes jusqu'à ce qu'elles soient droites **(b).** Revenez à la position de départ.

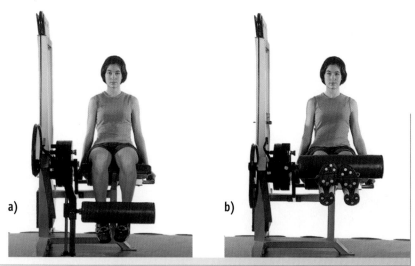

15. Exercice pour les fessiers

Muscles principalement sollicités : **grand glutéal** et **moyen glutéal** (16).

Debout, la cuisse droite en flexion, l'arrière du genou droit contre le rouleau, les mains tenant les poignées pour garder l'équilibre **(a),** exécutez une extension de la cuisse **(b).** Revenez à la position de départ. Répétez l'exercice avec la cuisse gauche.

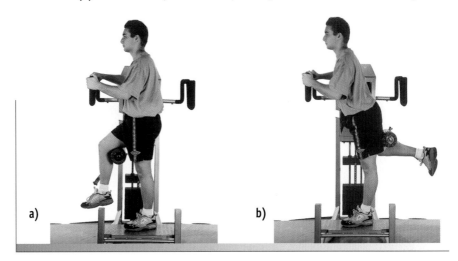

a)   b)

16. Exercice pour les mollets

Muscles principalement sollicités : **gastrocnémiens** (19).

Assis, le dos droit, les talons abaissés, les genoux sous l'appui coussiné **(a),** levez les talons **(b).** Revenez à la position de départ.

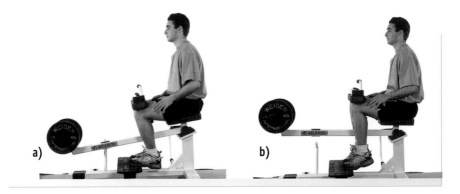

a)   b)

17. Traction à la poitrine

Muscles principalement sollicités : **grands dorsaux** (15).

Assise, le tronc légèrement incliné vers l'arrière, les cuisses sous le rouleau, agrippez la barre **(a)** et amenez-la devant la poitrine **(b).** Revenez à la position de départ.

a)   b)

18. Exercice pour l'intérieur des cuisses

Muscles principalement sollicités : **adducteurs de la cuisse** (12, 17).

Assis, la ceinture bouclée à la taille et les mains tenant les poignées pour stabiliser le tronc, l'intérieur des cuisses appuyé contre les appuis coussinés, les jambes écartées **(a)**, rapprochez celles-ci en serrant les genoux **(b).** Revenez à la position de départ.

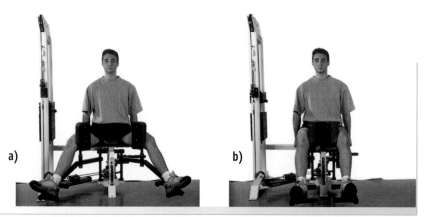

a)   b)

19. Exercice pour l'extérieur des cuisses

Muscles principalement sollicités : **abducteurs de la cuisse** (11).

Assis, la ceinture bouclée à la taille et les mains tenant les poignées pour stabiliser le tronc, l'extérieur des cuisses appuyé contre les appuis coussinés, les genoux rapprochés **(a)**, écartez ceux-ci contre la résistance **(b)**. Revenez à la position de départ.

a)   b)

B. Exercices pour les abdominaux

Vos abdominaux manquent de vigueur ? Les exercices qui suivent vous aideront à les rendre plus fermes et plus endurants. Choisissez celui ou ceux qui vous conviennent compte tenu de l'état de votre dos (il peut être contre-indiqué de faire certains exercices) et de votre endurance abdominale telle qu'établie au chapitre 4 (p. 94). Répétez chaque mouvement jusqu'à l'apparition d'un début de fatigue dans les abdominaux. Il n'est pas nécessaire d'en faire jusqu'à épuisement. L'important, c'est d'exécuter chaque mouvement correctement. N'oubliez pas : vous expirez lorsque les abdominaux se contractent et vous inspirez lorsqu'ils se relâchent. Faites ces exercices 3 à 4 fois par semaine, ou tous les jours si ça vous chante.

1. *Muscles principalement sollicités :* **partie inférieure du droit** (10*) et **ilio-psoas** (13).

Sur le dos, les jambes allongées, les bras de chaque côté du corps **(a)**, levez le genou droit à la verticale **(b)**, ramenez-le au sol, puis levez le genou gauche.

a)

b)

2. *Muscle principalement sollicité :* **partie supérieure du droit** (10).

Sur le dos, les pieds sur une chaise, les bras de chaque côté du corps **(a)**, redressez le tronc en posant les mains sur les genoux ou jusqu'à ce que les omoplates décollent du sol **(b)**.

a)   b)

---

* *Les chiffres entre parenthèses renvoient aux planches anatomiques (p. 229-230) afin de faciliter l'identification des muscles.*

3. *Muscles principalement sollicités :* **abdominaux obliques** (10).

Assise sur une chaise, un haltère court dans chaque main, exécutez des flexions latérales du tronc.

4. *Muscles principalement sollicités :* **droit** et **abdominaux obliques** (10).

Sur le dos, les jambes allongées, les bras de chaque côté du corps, touchez au pied droit avec la main gauche et vice-versa.

5. *Muscles principalement sollicités :* **partie inférieure du droit** et **transverse** (10).

Sur le dos, les bras le long du corps, genoux repliés vers la poitrine **(a)**, décollez les fesses du sol en contractant les abdominaux **(b).**

a)   b)

6. *Muscles principalement sollicités :* **abdominaux obliques** (10).

Allongé au sol sur le côté droit, en appui sur l'avant-bras et la cuisse, les genoux fléchis **(a),** levez le bassin **(b).** Revenez à la position de départ. Répétez l'exercice pour le côté gauche.

a)   b)

7. *Muscles principalement sollicités:* **droit** et **abdominaux obliques** (10).

Allongée sur le dos, les genoux fléchis, exécutez un demi-redressement du tronc en tournant l'épaule droite vers la gauche. Répétez l'exercice pour l'autre côté.

Figure 1.4 : Santé Canada, Direction de la condition physique, *Data Analysis of Fitness and performance capacity*, 1994.

Figure 1.5 : http://www.hc-sc.gc.ca/hppb/ la-nutrition/pubf/guidalim/guideb.html

Figure 1.6 : Black, D.R., et al., « A Time series analysis of longitudinal weight changes in two adult women », *Int. J. Obes.*, 1991, 15 : 623 ; et W.K. Hoeger et S.A. Hoeger, *Principles and Labs for Fitness and Wellness*, 4ᵉ édition, Morton Publishing Co., 1997, p. 79.

Figure 1.8 : D'après des données provenant de la Fondation québécoise du cancer et de la Fondation des maladies du cœur.

Figure 1.10 : D'après des données provenant de Éduc'Alcool et de la Société de l'assurance automobile du Québec.

Tableau 1.3 : La Société canadienne du cancer, *Les fibres alimentaires – Avez-vous votre compte ?*, 1995.

Tableau 1.5 : Adapté de G. Sabourin, « Libérez-vous ! Cessez de fumer ! », *Santé* (juin 1997), Éditions du Feu Vert, p. 14-20.

Tableau 1.6 : Adapté du questionnaire « Quel est votre indicateur de stress ? » apparaissant dans le livret *Le stress apprivoisé*, de l'Association canadienne de la santé mentale et de la Fondation des maladies du cœur, 1998.

Tableau 1.8 : Le site Internet d'Éduc'alcool : http://www.educalcool.qc.ca/

Figure 2.1 : D'après des données provenant de C. Bouchard, R.J. Shepard et T. Stephens, *Physical Activity, Fitness, and Health : Consensus Statement*, Human Kinetics Publishers, 1990 ; et W. Van

Mechelen, « A physically active lifestyle : public health's best buy ? », *British Journal of Sport Medicine* (1997), 31 : 264-265.

Figure 2.2 : D'après des données provenant de C. Bouchard, R.J. Shepard et T. Stephens, *Physical Activity, Fitness, and Health : Consensus Statement,* Human Kinetics Publishers, 1990 ; et B.J. Sharkey, *Fitness and Health,* Human Kinetics Publishers, 1997.

Figure 2.3 : Blair, S.N. et al., « Physical fitness and all-cause mortality : a prospective study of healthy men and women », *JAMA* (1989), 262.

Figure 2.4 : D'après des données provenant du *Plan d'action 1996-2000* de Kino-Québec.

Figure 2.5 : D'après des données provenant de A. McTiernan, « Exercise and Breast Cancer : Time to Get Moving ? », *The New England Journal of Medicine* (mai 1997), vol. 336, n° 18, p. 1311-1314 ; et M.M. Kramer et C.L. Wells, « Does physical activity reduce risk of estrogen-dependent cancer in women ? », *Medicine and Science in Sports and Exercise* (1996), vol. 28, n° 3, p. 322-334.

Tableau 4.2 : Adapté de C.B. Corbin et Ruth Lindsey, *Concepts of Physical Fitness with Labs,* 8ᵉ édition, Brown & Benchmark, 1994, p. 65 ; et K.H. Cooper, *Running Without Fear,* Mount Evans and Co., 1988.

Tableau 4.4 : W.D. McArdle, F.I. Katch et V.L. Katch, *Essentials of Exercice Physiology,* Philadelphie, Lea & Fibeger, 1994, p. 355.

Tableau 4.5 : Hoeger, W.K., et S.A. Hoeger, *Principles and Labs for Fitness and Wellness,* 4ᵉ édition, Morton Publishing Co., 1997.

Tableau 4.7 : Adapté de Robbins, Powers et Burgess, *A Wellness Way of Life,* New York, McGraw-Hill, 1999.

Tableau 4.8 : Jackson, A.S., et M.L. Pollock, « Practical Assessment of Body Composition », *The Physician and Sports Medicine* (1985), 13, p. 76-90.

Tableau 4.9 : Adapté de C.B. Corbin et Ruth Lindsey, *Concepts of Physical Fitness with Labs,* 8ᵉ édition, Brown & Benchmark, 1994.

Tableau 4.12 : Adapté de *Forme et Santé,* Sélection du Reader's Digest, 1992, p. 12.

Figure 5.2 : Adapté de C.B. Corbin et Ruth Lindsey, *Concepts of Physical Fitness with Labs,* 8ᵉ édition, Brown & Benchmark, 1994.

Figure 5.4 : Adapté de C. Bouchard, F. Landry, J. Brunelle et P. Godbout, *La condition physique et le bien-être,* Éditions du Pélican, 1974.

Figure 5.5 : Zacharkow, D., *Posture : Sitting, standing, chair design and exercise,* Charles Thomas Publisher, 1988.

Bilan 4 : Ma posture : Robert, H., *Soignez votre mal de dos,* Éditions Artulen, 1990, p. 32-34.

Zoom, page 127 : Certaines données provenant de W.C. Miller, J.P. Wallace et K.E. Eggert, « Predicting max HR and the relationship for exercise prescription in obesity », *Medicine and Science in Sports and Exercise* (1993), 25 : 1077-1081.

Tableau 6.2 : D'après William H. Sheldon, dans *Les variétés de tempérament,* 1940.

Tableau 6.3 : Rémi Bissonnette, *Évaluation en activité physique,* thèse de doctorat, Faculté d'éducation physique et sportive, Université de Sherbrooke, 1991.

Tableau 6.7 : Adapté de H.J. Montoye, H.C.G. Kemper, H.M. Saris Wim et R.A Washburn, *Measuring Physical Activity and Energy Expenditure,* Human Kinetics Publishers, 1996.

Tableau 6.8 : D'après des données calculées par Serge Dulac, professeur d'éducation physique à l'Université du Québec à Trois-Rivières.

Tableau 7.2 : Adapté de H.J. Montoye, H.C.G. Kemper, H.M. Saris Wim et R.A Washburn, *Measuring Physical Activity and Energy Expenditure,* Human Kinetics Publishers, 1996.

Tableau 8.1 : McArdle, W.D., F.I. Katch et V.L. Katch, *Essentials of Exercise Physiology,* Lea & Febiger, 1994, p. 434.

Tableau 8.2 : McArdle, W.D., F.I. Katch et V.L. Katch, *Essentials of Exercise Physiology,* Lea & Febiger, 1994, p. 436.

Tableau 8.4 : Adapté de W.K. Hoeger et S.A. Hoeger, *Principles and Labs for Fitness,* Morton Publishing Co., 1994 ; et de la documentation de la Corporation professionnelle des physiothérapeutes du Québec.

Figure 9.1 : Adapté de E.N. Marieb, *Anatomie et physiologie humaines,* Éditions du Renouveau Pédagogique Inc., 1992, p. 864.

Tableau 9.1 : D'après des données provenant de Marielle Ledoux, professeure au Département de nutrition de l'Université de Montréal.

Bibliographie

American College of Sports Medicine, *Guidelines for Exercise Testing and Prescription,* 5e éd., Williams & Wilkins, 1995.

« A.C.S.M. position stand on osteoporosis and exercise : American College of Sports Medicine », *Med. Sci. Sports Exerc.* (1995), 27 : 1-7.

Anderson, B., *Stretching* (vf), Les Éditions Québécor, 1995.

Bernstein, L., B.E. Henderson, R. Hanisch et coll., « Physical exercise and reduced risk of breast cancer in young women », *J. Natl. Cancer Inst.* (1994), 86(18) : 1403-1408.

Blair, S.N., H.W. Kohl III, C.E. Barlow, R.S. Paffenbarger Jr, L.W. Gibbons et C.A. Macera, « Changes in physical fitness and all-cause mortality : a prospective study of healthy and unhealthy men », *JAMA* (1995), 273 : 1093-1098.

Blair, S.N., H.W. Kohl III, R.S. Paffenbarger Jr, D.G. Clark, K.H. Cooper et L.W. Gibbons, « Physical fitness and all-cause mortality : a prospective study of healthy men and women », *JAMA* (1989), 262 : 2395-2401.

Blais, M., *Le guide des médecines douces et autres pratiques,* Stanké, 1991.

Bouchard, C., R.J. Shepard et T. Stephens, *Physical Activity, Fitness, and Health : Consensus Statement,* Human Kinetics Publishers, 1993.

Caldwell, J.P., *Le sommeil,* Guy St-Jean Éditeur, 1995.

Camacho, T.C., R.E. Roberts, N.B. Lazarus, G.A. Kaplan et R.D. Cohen, « Physical activity and depression : evidence from the Alameda County Study », *Am. J. Epidemiol.* (1991), 134 : 220-231.

Chevalier, R., *Le Jogging,* Éditions de l'Homme, 1976.

Chevalier, R., Y. Bergeron et S. Laferrière, *Le conditionnement physique,* Éditions de l'Homme, 1979.

Dishman, R.K., *Exercise Adherence,* Human Kinetics Books, 1988.

Dunbar, C.C., « The antihypertensive effects of exercise training », *N.Y. State J. Med.* (1992), 92(6) : 250-255.

Elrick H., « Health promotion for diseases of industrialized nations », *Med. Exer. Nutr. Health* (1992), 1(3) : 143-152.

Gammon, M.D., et coll., « Exercise May Protect Against Breast Cancer », *Journal of the National Cancer Institute* (1998), 90 : 100-117.

Heyward, V.H., *Advanced Fitness assessment and Exercise Prescription* (2ᵉ éd.), Human Kinetics Books, 1991.

Hoeger, W.K., et S.A. Hoeger, *Principles and Labs for Fitness and Wellness,* Morton Publishing Co., 1997.

Houareau, M.J., *Les gymnastiques douces,* Retz Poche, 1990.

Josephson, R., *Votre épicierie au goût du cœur,* Éditions du Trécarré, 1998.

Kavanagh, T., R.J. Shephard, J.A. Tuck et S. Qureshi, « Depression following myocardial infarction : the effects of distance running », *Ann. NY Acad. Sci. (*1997), 301 : 1029-1038.

Kramer M.M., et C.L.Wells, « Does physical activity reduce risk of estrogen-dependent cancer in women ? », *Medicine and Science in Sports and Medicine* (1996), 28(3) : 322-334.

Larouche, R., Mémoire présenté à la Commission des états généraux sur l'éducation au Québec, Éditions l'Impulsion,1995.

Lee, I.M., C.C. Hsieh et R.S. Paffenbarger Jr., « Exercise intensity and longevity in men : the Harvard Alumni Health Study », *JAMA* (1995), 273 : 1179-1184.

Lobstein, D.D., B.J. Mosbacher et A.H. Ismail, « Depression as a powerful discriminator between physically active and sedentary middle-aged men », *J. Psychosom. Res.* (1983), 27 : 69-76.

Marieb, E.N., *Anatomie et physiologie humaines,* Éditions du Renouveau Pédagogique Inc., 1993.

Martinsen, E.W., « Benefits of exercise for the treatment of depression », *Sports Med.* (1990), 9 : 380-389.

McArdle, W.D., F.I., Katch et V.L. Katch, *Essentials of Exercise Physiology,* Lea & Fibeger, 1994.

McTiernan A., « Exercise and Breast Cancer : Time to Get Moving ? », *The New England Journal of Medicine* (1997), 336 (18) : 1311-1314.

Ornish, D., « Reversing heart disease through diet, exercise, and stress management : an interview with Dean Ornish », *J. Am. Diet. Assoc.* (1991), 91(2) : 162-165.

Ornish, D., S.E. Brown, L.W. Scherwitz, J.H. Billings, W.T Armstrong, T.A. Ports, S.M. McLanahan, R.L. Kirkeeide, R.J. Brand et K.L. Gould, « Can lifestyle changes reverse coronary heart disease ? The Lifestyle Heart Trial », *Lancet* (1990), 336 : 129-133.

Pate, R.R., M. Pratt, S.N. Blair, W.L. Haskell, C.A. Macera, C. Bouchard, D. Buchner, W. Ettinger, G.W. Heath, A.C. King et coll., « Physical activity and public health : a recommendation from the Centers for Disease Control and Prevention and the American College of Sports Medicine », *JAMA* (1995), 273 : 402-407.

Péronnet, F., *Le Marathon* (2ᵉ éd.), Décarie Éditeur, 1991.

Plowman, S.A., et D.L. Smith, *Exercise Physiology for Health, Fitness and Performance,* Allyn and Bacon, 1997.

Powell, K.E., et S.N. Blair, « Le fardeau de l'inactivité physique », *Le dossier de la recherche* (janvier 1998), Institut Canadien de la recherche sur la condition physique et le mode de vie.

Ratzin, Jackson, C.G., *Nutrition for the Recreational Athlete,* CRC Press, 1995.

Robergs, R.A. et S.O. Roberts, *Exercise Physiology : Exercise Performance and Clinical Applications,* Mosby, 1997.

Selye H., *Stress sans détresse,* La Presse, 1974.

Sharkey, B.J., *Fitness and Health,* Human Kinetics Publishers, 1997.

Shephard, R.J., « Exercise and Relaxation in Health Promotion », *Sports Med.* (1997), 23(4) : 211-217.

Smith, C.W. Jr, «Exercise. Practical treatment for the patient with depression and chronic fatigue», *Primary Care* (1991), 18(2):271-281.

Sprague, K., *More Muscle,* Human Kinetics, 1996.

Stamford, B.A., et P. Shimer, *Fitness without exercise,* Warner Books, NewYork, 1990.

Stefanick, M.L., «Exercise and weight control», *Exercise Sport Science Review* (1993), 21:363-396.

US Surgeon General, *Physical Activity and Health,* US Department of Health and Human Services, Centers for Disease Control and Prevention, National Center for Chronic Disease Prevention and Health Promotion, 1996.

Van Mechelen, W., «A physically active lifestyle: public health's best buy?», *British Journal of Sport Medicine* (1997), 31; 264-65.

Yuhasz, M.S., *Physical Fitness and Sports Appraisal Laboratory Manual,* University of Western Ontario, 1973.

Zacharkow, D., *Posture: Sitting, standing, chair design and exercise,* Charles Thomas Publisher, 1988.

Dav Bergeron (éducation physique):
www.lafirme.com/site/aps/index.htm

Fitness Partner Connection Jumpsite:
http://primusweb.com/fitnesspartner/

Institut canadien de la recherche sur la condition physique
et le mode de vie:
www.activeliving.ca/icrcp/icrcp.html

Medicine and Science in Sports and Exercise:
www.wwilkins.com/MSSE/

Ministère de la Santé et des Services sociaux (Québec):
www.msss.gouv.qc.ca/

Pierre Duchesneau, éducateur physique
http://pages.infinit.net/piduc/

The Internet's Fitness Resource:
http://rampages.onramp.net/~chaz/

The Melpomene Institute:
http://www.melpomene.org/

The Physican and Sport Medicine:
www.physsportsmed.com/

Santé Canada en direct:
www.hc-sc.gc.ca/francais/

Yves Potvin (éducation physique):
www.cslaval.qc.ca/edphys/